高等院校艺术设计类专业产教融合系列教材

丛书总主编 梁瑞雄 副总主编 吴立平 李 炳 刘亚军

Advertising Policy and Innovation

广告策划与创意

主 编 阮训苗 李鸿明

同济大学出版社
TONGJI UNIVERSITY PRESS
·上海·

内容提要

"广告策划与创意"是艺术设计专业的必修课程，旨在培养学生在文案策划与广告创意方面的综合能力。本教材以广告文案策划、创意生成和设计制作为核心，融合现代广告媒介特征，紧密结合行业实际需求接轨新媒体环境与传统广告行业。通过理论知识与实践训练的结合，帮助学生掌握市场调研、创意构思、视觉表达和执行落地的完整技能链，实现"会创意、懂创意、善表达"的教学目标。教材注重创造性思维培养，引入经典案例分析和行业标准流程，使学生具备应对现代广告行业需求的文案策划与创意设计双重能力，同时融入专业思政教育，培养符合时代要求的广告人才。

图书在版编目（CIP）数据

广告策划与创意 / 阮训苗，李鸿明主编．-- 上海：同济大学出版社，2025. 6. -- ISBN 978-7-5765-1627-2

Ⅰ. F713.80

中国国家版本馆 CIP 数据核字第 202531SY23 号

广告策划与创意

主　编　阮训苗　李鸿明

策划编辑　府晓辉　**责任编辑**　戴如月　**助理编辑**　阮璐瑶　**责任校对**　徐逢乔　**封面设计**　潘向蓁

出版发行　同济大学出版社　www.tongjipress.com.cn

（地址：上海市四平路1239号　邮编：200092　电话：021-65985622）

经　　销　全国各地新华书店

排　　版　北京华艺世纪缘科技发展有限公司

印　　刷　上海叶大印务发展有限公司

开　　本　889mm × 1194mm　1/16

印　　张　14.25

字　　数　335 000

版　　次　2025年6月第1版

印　　次　2025年6月第1次印刷

书　　号　ISBN 978-7-5765-1627-2

定　　价　64.00 元

编委会

主　编　阮训苗　李鸿明

副主编　李小倩　汪　溪　邹丽施　朱红林

参　编　王　杰　肖成香　张婷婷　薛振辉

主编简介

■ **阮训苗**，艺术哲学博士，副教授，硕士生导师；教育部学位与研究生教育发展中心专家库评审专家、中国广告协会学术委员会委员、东莞市社会科学院特约研究员、东莞市美术家协会艺术设计委员会委员、时报金犊奖全球评委。主持或参与国家级、省部级、市级等科研项目 20 余项。出版著作 2 部，主编教材 3 部，获实用新型专利、外观专利多项。公开发表论文及作品 30 余篇，个人或指导学生作品多次入选国家级、省市级比赛并获奖 60 余项；多次举办个人作品展览；作品被华南美术馆、广东美术馆深联分馆等收藏。

■ **李鸿明**，设计哲学博士，博士后，教授，硕士生导师；中国美术家协会会员、中国广告协会学术委员会委员，广东省工业与信息化厅专家库评审专家，广东省高校美术与设计专业教育委员会理事，东莞市社科专家库专家。主持或参与国家社科基金项目、教育部人文社科基金项目、广东省哲学社科项目、广东省教育厅科研项目等 20 余项；发表论文 50 余篇，出版著作 3 部，主编教材 5 部，译著 1 部，获发明专利、实用新型专利 10 余项等。个人获中国美术家协会授予的全国优秀论文奖；指导学生获“挑战杯”全国大学生创业计划竞赛银奖等国家级、省级奖项 50 余项。

总 序

在数字经济与创意产业蓬勃发展的时代背景下，艺术设计教育正面临前所未有的机遇与挑战。如何打破传统教学中理论与实践的壁垒，培养既具备审美素养又掌握产业需求的高素质设计人才，成为高校艺术设计教育改革的核心命题。本套“高等院校艺术设计类专业产教融合系列教材”的编写，正是对这一命题的深度回应。

艺术设计本质上是一门实践性学科，其生命力源于对现实需求的创造性解决。近年来，随着文化创意产业升级、数字技术革新以及消费场景多元化转型，行业对设计人才的能力要求已从单一技能转向“审美力 + 技术力 + 商业力”的复合型标准，这意味着艺术设计类专业的教材开发势必需要与产业形成更深的联系。本套系列教材以《国务院办公厅关于深化产教融合的若干意见》为指导，联合 20 余家头部设计企业、行业协会，涉及行业包括服装、广告、包装印刷、装饰设计等，与高校专家学者共同开发，将行业和企业的真实项目案例、行业技术标准与前沿设计方法论融入教学体系，构建“课堂—设计工作室—企业”的三维培养路径，也是广东科技学院艺术设计学院多年来的教学成果经验积累。

本套系列教材的开发有以下几方面特点：

1. 真实项目驱动。每本教材都融入了多个典型产业项目作为单元载体，如平面图案设计、品牌视觉升级、智能产品界面设计、沉浸式空间策划等，学生可通过完整参与从需求分析到成果落地的全流程，掌握行业工作逻辑。

2. 校企双元架构。教材的理论章节部分由高校教授、副教授等学界专家撰写，确保学科系统性；实践模块由企业总监、设计师参与编写，引入行业企业最新设计理念及行业企业设计标准、设计素材等，注重实战经验的积累。

3. 数字化资源延伸。本套系列教材配备电子教学资料，可供使用者更便捷地获取更多网络教学资源，如教学视频、可编辑设计资源、行业最新设计标准，满足混合式教学需求。

本套系列教材的出版得到了广东省内各兄弟院校艺术设计类专业的支持，以及广州市腾春服饰有限公司、东莞市名绣文化传播有限公司、广州晓创意文化传播有限公司、壹零叁零（深圳）文化创意有限公司、深圳市御融装饰设计有限公司等合作企业的实践赋能。我们期待通过这套动态更新的系列教材，推动设计教育从“纸上谈兵”走向“真枪实弹”，为国内设计创意产业的发展输送更多应用创新型人才。

艺术设计类专业产教融合系列教材总主编

梁瑞姬

序　言

在当今这个信息爆炸、竞争激烈的时代，广告如同一座桥梁，横跨于商业与文化传播之间，其策划与创意所蕴含的能量正以前所未有的态势影响着我们的生活。在长期的教学与研究实践中，我深切地感受到广告策划在创意领域的复杂性与重要性。这一领域融合了艺术、科技、心理学、社会学等多学科的精华，是推动商业发展、促进文化交流的关键力量。在这样的背景下，《广告策划与创意》一书如同广告教育领域的一股清风，带来了崭新的视角和思考。

数字化、智能化技术的全面渗透，使消费者需求日益多元化、个性化。传统的广告模式，已难以满足当前市场的变化。广告策划与创意需要敏锐捕捉用户体验的细微变化，深刻洞察情感共鸣的触发点，精准传递品牌核心价值。在此背景下，培养具有创新思维、卓越实践能力及广阔国际视野的广告策划与创意人才，成为广告教育的重要使命。《广告策划与创意》一书系统阐述了广告策划与创意的理论知识，结合大量实际案例，深入剖析实践过程，为读者提供了一套完整、实用的方法论。通过这本书，学生可以了解广告策划与创意的最新理念和方法，为未来的职业发展打下坚实基础。

《广告策划与创意》一书在理论构建上展现出高度的系统性和完整性。它从基本概念出发，逐步深入到广告策划的各个环节，包括市场调研、目标策略、市场策略、定位策略、诉求策略等，为读者构建了一个清晰、全面的知识体系。该书特别注重实践探索环节，引入大量实际案例，让读者在分析案例的过程中体验广告策划与创意的全过程，激发创新思维和实践能力。这种实践探索方式不仅能够使读者更好地理解和掌握实践技能，还为其未来职业发展奠定坚实基础。

该书不仅具有很高的学术价值和实践意义，还具有重要的教育价值。它为广告教育领域提供了一套完整、实用的教材体系，为培养广告策划与创意的未来之星奠定了坚实基础。通过学习，学生可以系统地掌握理论知识和实践技能，培养创新思维和实践能力。该书还介绍了国际广告案例和跨文化广告传播的理论知识，让学生了解不同国家和地区的文化差异和消费习惯。此外，该书特别强调广告策划与创意的社会责任感和道德伦理，引导学生关注社会公益和消费者权益。

展望未来，广告策划与创意领域将迎来更广阔的发展空间和更激烈的竞争挑战。随着科技进步和消费者需求变化，广告策划与创意将更加注重个性化、智能化和互动化。在这样的发展趋势下，我们需要不断探索和创新，培养更多具有创新思维、实践能力和国际视野的广告策划与创意人才。《广告策划与创意》一书的出版，正是我们在这一时代背景下的又一次积极探索和大胆尝试。同时，我也希望广大读者能够将所学知识运用到实际工作中去，不断探索和创新，为广告策划与创意领域的发展贡献智慧和力量。

在此，我衷心祝愿《广告策划与创意》一书的出版取得圆满成功，为广告教育领域的发展注入新的活力。同时，我期待与老师们以及广大读者在未来的日子里，共同探索广告策划与创意的新领域、新方法，为推动广告行业的繁荣发展贡献力量。让我们以创新为笔，以实践为墨，共同书写广告策划与创意的辉煌篇章。

李克，山东大学品牌与传播研究所所长，教授，博士生导师；澳门科技大学人文艺术学院教授，博士生导师；亚洲设计联盟（ACDA）副主席；教育部高等学校艺术类专业教学指导委员会委员。

前　言

生成式 AI 的爆发式发展，正在重塑设计行业的底层逻辑。AI 是效率工具，而创意决策、审美判断仍是人类设计师的核心价值。随着市场对广告的需求不断增加，广告行业急需一批掌握广告策划、创意、设计、制作技能，能够与时俱进，具备工匠精神、团队精神的复合型人才。高校是培养广告专业技术人才的重要基地，因而高质量教材编写在适应市场需求、提升教学质量、培养创新精神、提高就业竞争力等方面具有重要意义。然而，针对高校的广告教学指导用书存在重理论轻实践的问题，高校广告教材应当突出懂理论、重实践、善应用的特性，同时兼具时代性、先进性、思想性和文化性。

《广告策划与创意》是一本专注于广告学领域的教材，针对学生未来主要的就业方向，围绕以定位为基础、以策划为导向、以服务为目的的设计理念编写。本教材通过介绍广告策划与创意的相关知识，深入探讨了广告创意的本质、特征以及策划的全过程，培养学生的实际策划能力，提升学生创造性思维水平，拓展专业能力外延，提升专业能力内涵。

本教材旨在为读者提供全面的广告策划与创意知识，帮助他们在理论与实践中找到平衡点，作为今后从事艺术设计工作的基础。本教材积极探索并采用“项目—任务”式的内容组织方式，符合广告专业改革的要求，注重实训的针对性、实用性和可操作性，尝试进行了一系列的整合和创新，主要体现在以下几个方面：首先，教材强调了广告策划与创意的重要性。在高度信息化和竞争激烈的现代社会中，创意不仅是吸引受众注意的关键，更是品牌传播的核心。教材中详细阐述了如何通过独特视角和创新思维来生成令人难忘的广告创意，进而实现广告目标。其次，教材系统介绍了广告策划的各个环节。从市场调研、目标受众分析到广告策略制定、媒介选择以及效果评估，教材针对每一个环节都进行了详尽的讲解。通过项目案例分析和实际任务操作指导，帮助读者掌握广告策划的基本流程和方法，提高策划能力。此外，教材中不仅包含丰富的理论知识，还引用了企业实际项目案例进行说明。通过对比分析，读者可以更直观地理解广告策划与创意在实际运作中的应用。

本教材对于广告从业者和相关专业的读者具有重要的参考价值。无论是初学者还是有一定经验的从业者，都可以从中汲取灵感和知识，提升自己的专业素养和实践能力。同时，教材也为广告教育和研究提供了有价值的参考素材。教材在编写过程中参考了国内外专家学者的相关著作，同时得到了业内专家和学界教授的鼎力帮助，在此表示感谢。书中存在的不妥和纰漏之处，敬请读者批评指正。

编　者

2025 年 6 月

目　录

第一章

广告策划与创意——好理解

Advertising Planning and Creativity—Easy to Understand

第一节 广告策划概述

一、广告策划的定义

广告策划是指制定广告宣传计划的过程，旨在提高广告效果，实现商业目标。它需要充分考虑市场环境、消费者需求和广告投放效果等因素，是实现广告宣传效果最大化的关键环节。现代广告策划是对整体战略和策略的运筹规划，具体指根据产品与市场情况，提出广告决策、广告计划和广告创意，以及对检验广告决策的全过程进行预先计划与设想。随着市场竞争的加剧，广告策划的地位越来越重要。

【案例赏析】

以东莞市形意达广告公司策划的《张家界武陵原生平台品牌构建营销方案》为例，该广告策划案例针对整个市场区域品牌进行了调研，通过分析区域品牌的“危”与“机”来切入张家界武陵原生品牌的构建和营销。案例指出，中国农业不缺好产品，缺的是如何通过广告策划将好产品高效送到消费者面前的能力。从行业现状和行业瓶颈进行分析，结合武陵原生品牌、消费者以及“三农”文化来寻求品牌定位。从生态链的“六大统一”出发，提出了策划方案，如图 1–1 所示。

武陵原生品牌（图 1–2）从当地喀斯特地貌特征、湘西的服饰、刺绣等民俗文化（图 1–3）以及农产品本身的原生态符号提取元素，进行组合和设计，形成了品牌的视觉符号，打造了品牌的农产品 IP 形象，将品牌的价值集中在可识别的系统上，打造武陵原生品牌资产超级 IP。将

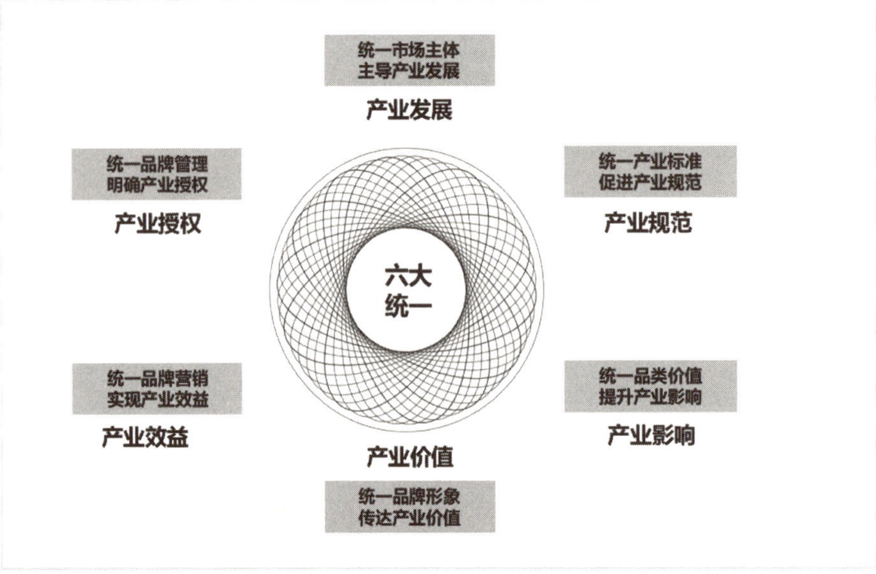

图 1–1 “六大统一”生态链

超级符号嫁接到张家界优质农产品中，通过超级符号抢占消费市场，树立品牌形象。同时形成“1+N”的品牌战略模式，即一个品牌 +N 种产品（图 1–4），以旅游市场为主导，以本土市场为阵地，通过全面营销的推广方式与各大品牌进行多维度深度融合，由点及线、由线及面，建立市场销售的品牌之道。结合公共平台，如电视广告、媒体直播、品牌代言、快闪店、集市、实体店（图 1–5）等，进行品牌的全产业链建构。

图 1–2　张家界的武陵原生品牌

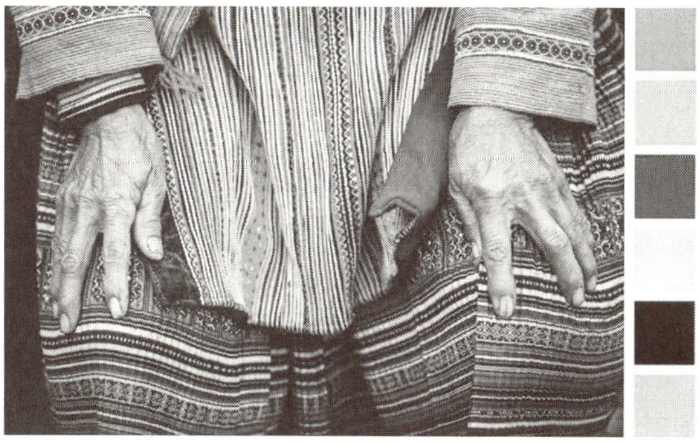

图 1–3　武陵原生湘西的服饰品牌

图 1–4　武陵原生“1+N”品牌战略模式

图 1–5　武陵原生品牌实体店

以上中国农产品品牌广告策划案例说明，一个较为完整的广告策划主要包含：市场调研分析、广告定位、创意制作、广告媒介以及效果测定。广告策划工作能使品牌得到准确、独特、即时、有效的传播，并且能实现刺激需求、引导消费、促进销售、开拓市场等目的。

二、广告策划的特点

广告策划有“大策划”和“小策划”之分，“大策划”指整合营销策划，是对同一个目标下的一系列广告运作活动的系统性规划，贯穿于广告活动的始终；“小策划”指在实现、实施广告战略过程中采用的具体手段与方法，也是对广告活动过程中的一个或者几个运作环节的谋划。此处概述的策划是根据广告主的营销计划和广告目标，在市场调查的基础上，对广告活动从整体战略到具体策略所做的整体预先谋划，属于“大策划”。

（一）前瞻性

广告策划具有前瞻性，需要考虑未来市场变化、消费需求趋势，以及竞争环境的变化。只有具有前瞻性的广告策划才能适应未来市场的需求。随着新媒体技术的快速发展，广告策划和设计也获得了新的创作手段与艺术展示形式。

（二）目的性

广告策划的目的是宣传商品，提高销售量，增加利润。广告策划需要明确目标受众、产品特点和市场竞争环境等因素，有针对性地开展宣传活动，以达到预期效果。

（三）系统性

广告策划需要全面考虑广告宣传活动的各个方面，包括宣传媒体、宣传内容、宣传渠道、宣传时间等因素，需要进行系统的规划和管理。尽量做到策划理念创新、受众定向准确、内容新颖有趣等，努力开拓品牌联合的新思路。

（四）创新性

广告策划需要不断创新，采用新颖的宣传手段和形式，以增加广告宣传的吸引力和记忆度，用不同的方法增加广告的趣味性和审美性。只有具有创新性的广告策划才能吸引消费者的注意力，提升广告宣传效果。

【案例赏析】

结合上述广告策划的特点，赏析如图 1-6 所示的娃哈哈广告平面设计《非常时刻　非常可乐》，该设计荣获第十四届大学生广告艺术大赛一等奖。作者：袁炳俊、李建广；指导老师：阮训苗。

图 1-6　广告平面设计《非常时刻　非常可乐》

三、广告策划的作用

广告策划是整个广告活动的核心和灵魂，对广告活动具有指导性和决定性的作用。广告策划不仅对产品的销量有影响，对于产品的品牌价值、品牌公信力、品牌形象等都具有影响力。

（一）保证广告活动的计划性和连续性

通过广告策划可以保证广告活动自始至终有条不紊地进行。广告的根本目的是促进产品的销售，塑造名牌企业和名牌产品形象。通过广告策划，既可以总结和评价过往的广告活动，保证广告活动不间断、有计划、有步骤地推行，又可以在此基础上，设计出形式新颖独特、内容与主题具有连贯性的广告，在效果上达到一致性和连续性。

（二）保证广告活动的创造性

创造性地开展广告活动，能够使每一次广告活动都能像子弹一样击中消费者，促使受众采取相应的购买行为。通过广告策划，可以把各个层次、各个领域的创意高手聚集起来，利用集体的智慧，集思广益，取长补短，激发创意，从而保证广告活动的各个环节都充满创意，如图 1-7 所示。

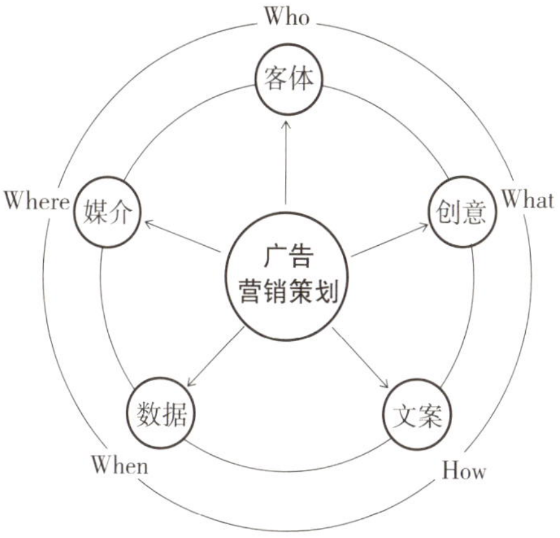

图 1-7　广告营销策划要素之间关系

（三）保证广告活动的最佳效果

通过科学的广告策划，可以把商品或服务与市场有机结合起来，使广告具有良好的针对性和实效性，最大限度地提升广告效果，从而提高商品或服务的销售量，增加企业利润。通过精准的定位和宣传，可以吸引更多的消费者关注，从而购买商品或服务，提高销售额和市场占有率。

（四）提高品牌知名度和树立品牌形象

通过广告策划，可以提高品牌知名度和美誉度，增加消费者对品牌的认可和信任度，有助于塑造良好的品牌形象，促进商品销售和服务延伸。通过广告策划，可以传递品牌价值观，塑造良好的品牌形象。在竞争激烈的市场中，打造独具特色的品牌形象是企业成功的重要因素之一。

（五）促进新产品的推广

通过广告策划，可以宣传新产品，提高消费者对新产品的认知度和接受度，促进新产品的推广和销售。同时，可以挖掘潜在市场需求，发掘新的商机。

【案例赏析】

图 1–8 为金子钰建设投资公司在不同节日投放的广告策划海报，长周期的广告策划创意能够不断拉近客户与地产品牌的关系，通过建立“温情”连接进行宣传，促进产品的销售和品牌的推广。

图 1–8 特殊节日广告海报

总之，广告策划是提高广告效果的重要手段。广告策划应当重视受众需求，探索广告新策略，为受众服务，旨在达到用户需求与广告主的精准契合，通过科学的策划可以实现广告效果最大化。

第二节　广告策划的流程

广告策划不是变魔术，不是点金术，更不是凭空想象，不能无中生有。策划不是规划，它是创意和设计，是在品牌本身的基础上结合机遇等因素完成的一个综合体。一个好的广告策划从市场调研开始，找出企业的问题和痛点，策划中每个创意理念、每个创意点就如同一颗珍珠，只有将好的创意点串成项链，才能实现其综合价值。

一、市场调研与分析

（一）市场调研的流程

市场调研也叫市场调查，是指利用多种方法，对广告活动影响因素及其发展状况进行调查研究的活动。广告公司一般会对市场趋势、销售情况、产品特点、广告促销效果、公司成长及发展态势等方面进行市场调研，如图 1–9 所示。

整个市场调研过程大致可以分为三个阶段：调研准备阶段、调研实施阶段、调研总结，如图 1–10 所示。

这三个阶段又可以分为七个步骤去完成，如图 1–11 所示。

1. 明确问题及目标，调查现有的问题，如产品销量突然下降、广告促销效果不明显、竞争对手挑衅、新品上市等，并为公司制定新的目标。

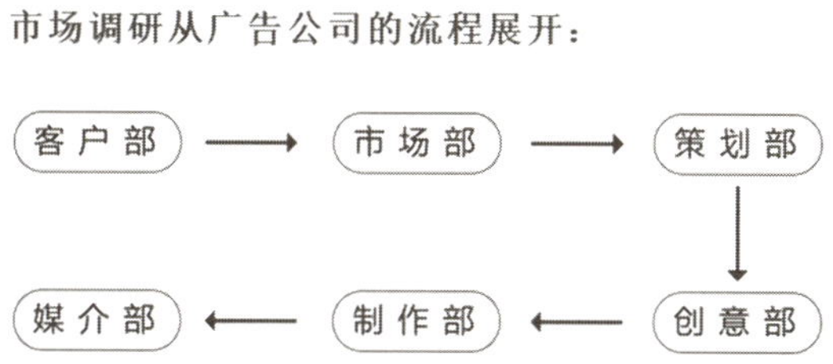

图 1–9　广告公司的市场调研流程

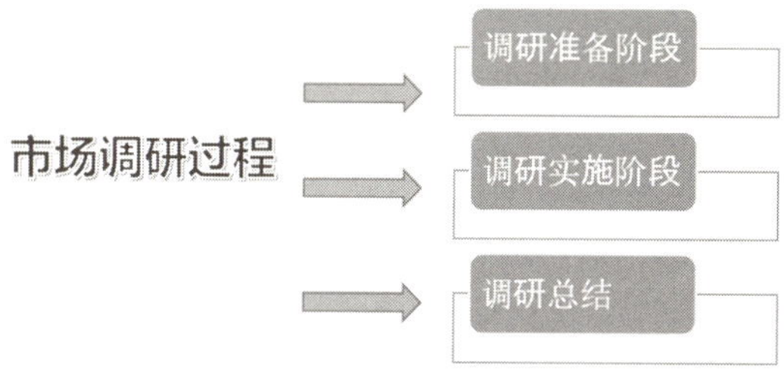

图 1–10　市场调研过程

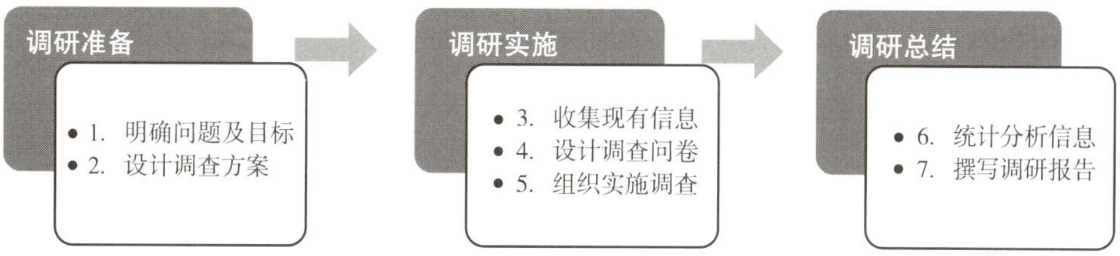

图 1–11　市场调研的七个步骤

2. 设计调查方案，可根据现有情况进行调整，设计新的方案，调整方向包括资料来源、调查方法（调查法 / 观察法 / 实验法）、调查对象、调查计划等。

3. 收集现有信息，可以对公司现有二手资料进行分类整理，也可以用直接调查法获得一手信息。

4. 设计调查问卷，可以利用网络调查，如问卷网、调查网等。调查问卷一般遵循三个原则：表达准确、客观中立、易于理解。调查问卷常见的四种题型：选择式题型、封闭式题型、优先级式题型、开放式题型。

5. 组织实施调查，开展调查行动时常用的市场研究方法包括文案调研法、实地调研法、询问法、观察法、实验法等。

6. 统计分析信息，调查后对所得数据进行统计、分析、信息提炼，一般用到的统计方法为数据分析技术。

7. 撰写调研报告，根据调研结果、决策方向、策略方案的不同，调研报告分为专题报告和全面报告。

【案例赏析】

以中洲中央城邦的推广策划营销方案为例，可以看到需要呈现的不仅仅是一个产品，而要让客户感受到开发商对项目的精准定位和价值打造。项目从成交客户区域、成交客户职业、成交客户决定因素、客群心理变化这几个方面做了市场调研，了解了当下市场客户的真实情况，通过占比的分析，更好地为公司的计划和方案决策提供参考，如图 1-12 所示。

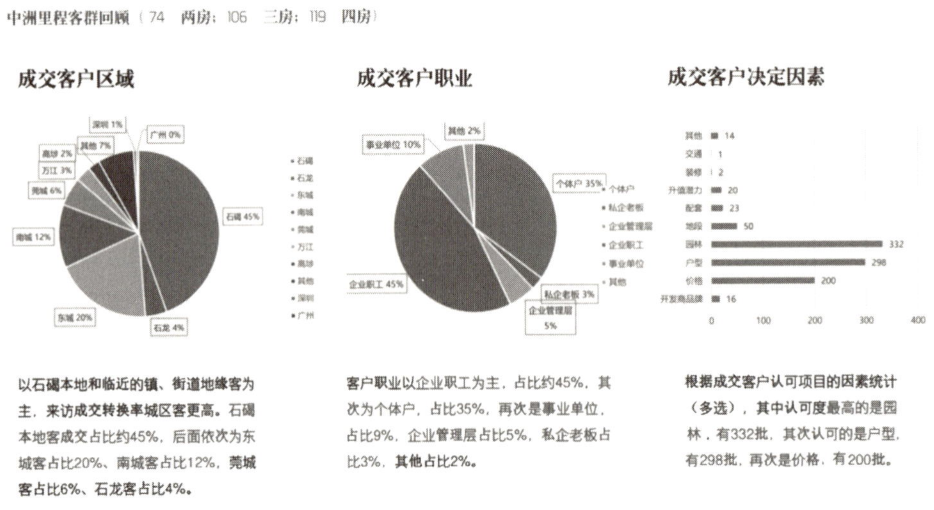

图 1-12　市场调研统计分析（客群回顾）

（二）广告市场环境分析

广告的环境是制约广告策划的因素之一，在广告市场调研的全过程中，一般着重以下三个方面的调查。

1. 社会环境调查

（1）政治和法律环境：政治环境会给企业的发展带来重要的影响，因此了解国际政治局势，关注国家法律环境，会对广告策划中的决策提供帮助。

（2）经济环境调查：经济环境影响消费者的购买力，对目前的经济制度和经济发展阶段等方面展开深入调查和分析，才能应对后续的机遇与挑战。

（3）文化环境的调查：调查文化环境主要是为了避免在推广中忽视不同环境的文化特征、文化禁忌，导致广告与社会文化不融合而发生冲突。

2. 企业形象调查

企业形象调查主要包括品牌形象、技术形象、企业识别系统等。这是企业形象转化为企业知名度和美誉度，增强社会影响力的重要因素。企业被社会认可、信任、赞许的程度，和它产生的经济效益相挂钩。通过对企业形象的调查，加强对企业的认知，从而找到为企业开展宣传广告活动和营销的重要渠道。

3. 广告效果调查

广告效果一般分为小范围抽样调查和开展广告活动后对广大目标对象的大范围调查。通过调查客户和消费者对广告的反应，测定广告效果是否达到理想预期。其目的在于为修正广告策略和进一步开展广告活动打好基础，更好地实现企业目标。

广告策划是一个不断变化与发展的过程，随着国民经济的不断发展，人民的生活水平和消费水平不断提高，客户群体对产品的要求不断发生变化。作为策划者要根据这个不断变化的形势，及时调整广告战略，适应市场的要求，扩大品牌知名度。

（三）市场调研的主要方法

市场调研是一个由不同阶段、不同步骤相互联系、相互衔接构成的整体。

1. 文案调研

文案调研主要是二手资料的收集、整理和分析，主要的渠道为网络资料搜索、图书馆书籍信息搜索等。

2. 实地调研

实地调研可分为询问法、观察法和实验法三种。

询问法是调查人员通过各种方式向被调查者发问或征求意见，以此来搜集市场信息的一种方法。形式多种多样，可分为深度访谈、座谈会、问卷调查等，其中问卷调查又可细分为电话访问、邮寄调查、留置问卷调查、入户访问、街头拦访等形式。采用此方法时须注意，所提问题确属必要，被访问者有能力回答所提问题，访问的时间不能过长，询问时须采取恰当的语气、措辞和态度。

观察法是调查人员在调研现场，直接或通过仪器观察、记录被调查者的行为和表情，以获取信息的一种调研方法。

实验法是通过实际的、小规模的营销活动来调查关于某一产品或某项营销措施执行效果的方法。实验的主要内容有产品的质量、品种、商标、外观、价格、促销方式及销售渠道等。实验法一般用于新产品的试销和展销。

3. 竞争对手调研

“知己知彼，百战不殆”出自《孙子兵法·谋攻篇》，凸显了竞争研究的重要性。在市场竞争日趋激烈的新环境下，不了解市场情况，很难在竞争中取得胜利。

竞争研究的根本目标是通过一切可获得的信息来查清竞争对手的状况，包括产品价格策略、渠道策略、营销（销售）策略、竞争策略、研发策略、财务状况及人力资源等。一方面，发现其竞争弱点，才能更好地帮助企业制定恰如其分的进攻战略，扩大自己的市场份额；另一方面，在面对竞争对手优势部分时，需要制定回避策略，以免发生损害。

【案例赏析】

乡村振兴战略是国家对乡村振兴、质量兴农、绿色兴农、品牌强农、一二三产业融合、培育新型经营主体等的系列指导政策方针。以武陵山脉的产品葛根为例，分析市场环境，进行市场调研，分析及调研情况如图 1-13 至图 1-15 所示。

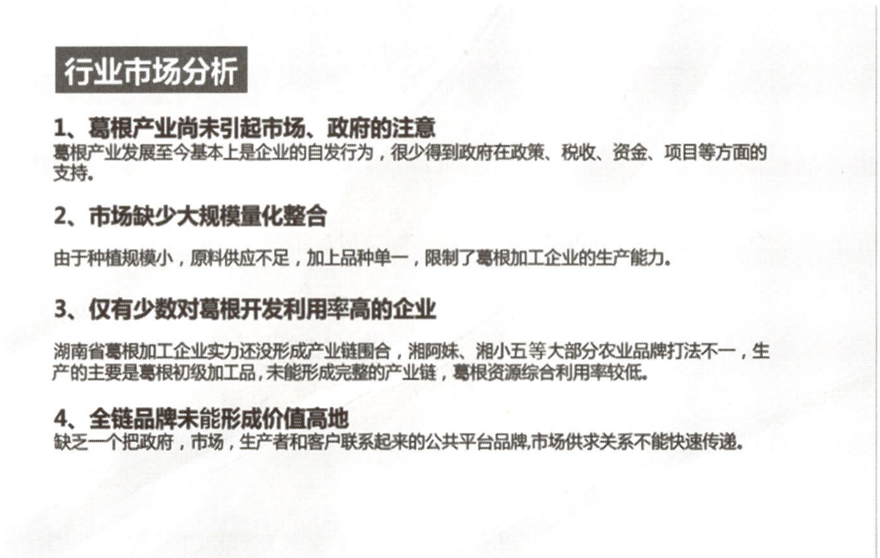

图 1-13　武陵山脉——葛根的行业市场分析

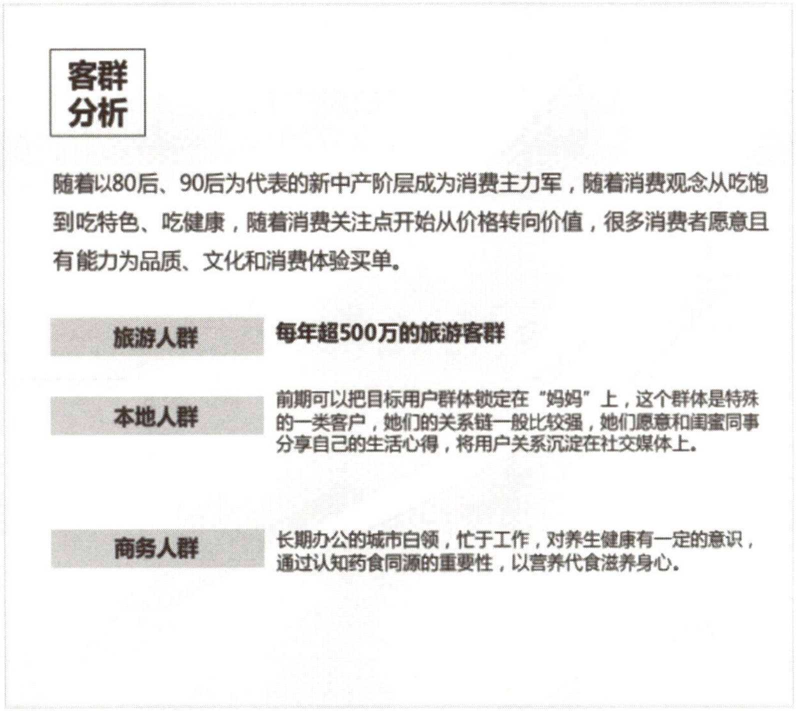

图 1-14　武陵山脉——葛根的客群分析

项目	产品	特色	亮点
湘阿妹	菜葛一号 野生葛根粉 速溶葛根粉 葛根片 葛根酥 葛花茶	菜葛一号 产量可达4 000kg 产量最高新品种之一 深挖旅游市场	连摔三届“农博会金奖”
九天生物科技	工葛根饮料	年加工葛粉5 000t 年加工葛根饮料3 000t 深挖健康饮食	占据本土品牌半壁江山
湖南省兴湘高效农业研究所	“湘葛一号”型品种 “湘葛二号” 药用型品种 “湘葛三号” 旱粮型品种 “湘葛四号” 水果型品种 “湘葛五号”	产量高 抗病好 高产，富硒 深挖传统农食	省内市场60%左右 国内市场10%左右
湖南天盛生物科技有限公司	“葛葛屋”牌葛根素面膜 葛根美护肤霜 葛根异黄酮软胶囊	美容、养生、健康 葛根药用价值的深挖	攻占国内保健市场 主打韩国市场

图 1-15　武陵山脉——葛根的竞争对手调研

（四）SWOT 分析法

SWOT 分析是一种战略分析工具，即 S（Strengths，优势）、W（Weaknesses，劣势）、O（Opportunities，机会）、T（Threats，威胁），SWOT 分析法的优点在于分析问题全面，展现系统思维，对广告策略有决定性作用。

SWOT 分析是基于内外部竞争环境和竞争条件下的态势分析，就是在调查后将与研究对象密切相关的各种主要内部优势、劣势以及外部的机会和威胁等列举出来，并依照矩阵形式排列，然后用系统分析的思维，把各种因素相互匹配起来加以分析，从中得出一系列相应的结论，而结论通常具备一定的决策性，如图 1–16 所示。

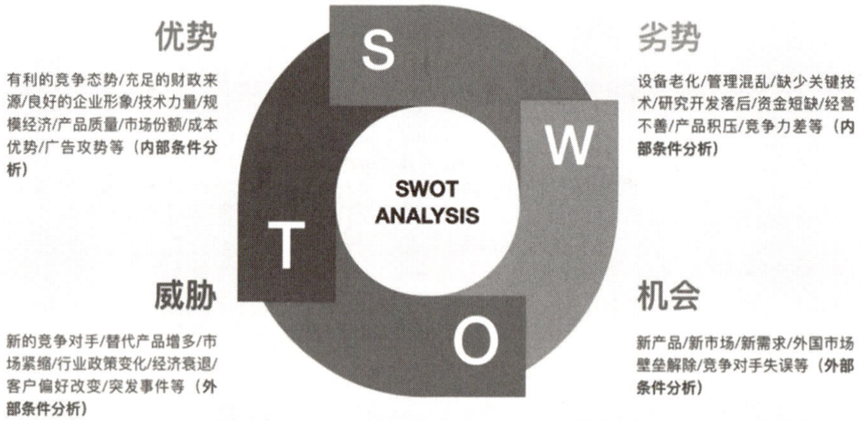

图 1–16　SWOT 分析法

【案例赏析】

以《高新铂瑞广场品牌整合传播方案》为例，此方案为广东省东莞市常平镇的一个公寓营销方案，项目定位是把铂瑞广场打造成城市副商圈最具投资价值的新地标。从地段价值出发，对商务、交通、配套设施、生活教育等方面进行调研，挖掘出更明显的项目优势，吸引消费者。同时引发关于问题与挑战的思考，如何精准破局，打造开创性的产品，用出彩的项目为品牌建设添彩。图 1–17、图 1–18 所示为运用 SWOT 分析得到的相应结论。

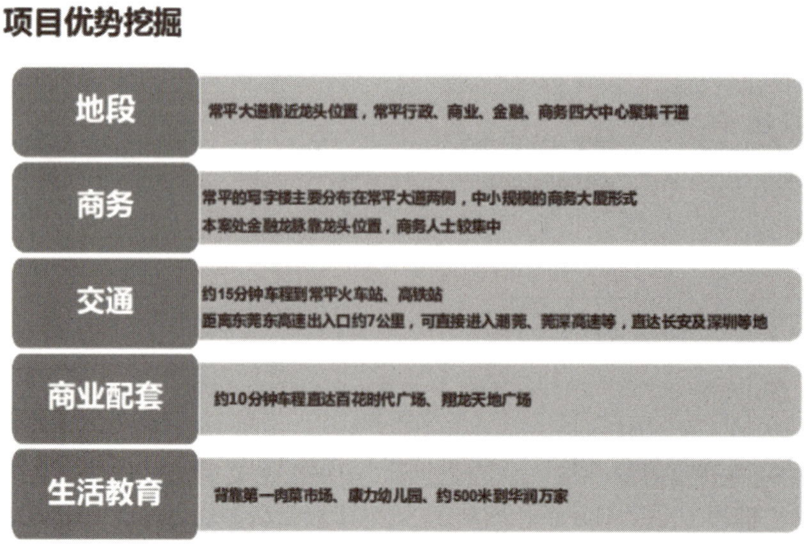

图 1–17　高新铂瑞广场品牌整合传播方案一

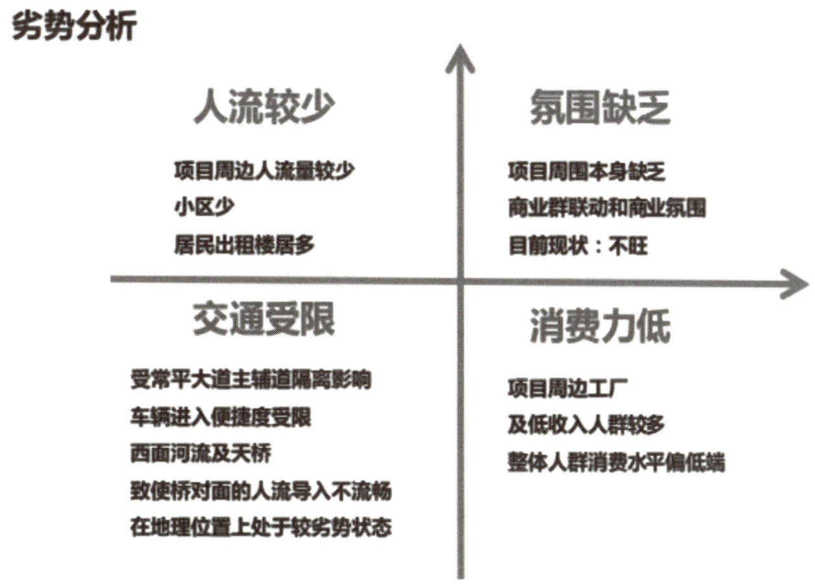

图 1-18　高新铂瑞广场品牌整合传播方案二

二、广告任务与目标

广告作为营销的工具，主要的任务是依据企业的营销策略和品牌策略，对市场进行调研和分析，开展广告创作，达到促进产品销售、树立企业形象、培养未来消费者市场、提升消费者美好情愫与审美水平的最终目的。

（一）促进产品销售

1. 提高产品知名度

广告的首要目标是促进产品销售，而实现这一目标需要通过广告向社会公众传播产品的信息、产品的功能、价值以及产品的使用效果，从而建立起公众对于产品的认知度、认可度以及好感度，进而达到提高产品知名度的目的，最终促进产品的销售。

2. 关注消费理念

产品随着消费者购买心理和消费理念的变化在不断地更新、升级与调整，广告作为重要的助推手，需要时刻洞察消费者心理、关注消费理念，从而在一定程度上助力产品的销售。

【案例赏析】

武陵原生品牌将品牌的价值集中在可识别的系统上，对消费者的心理进行调研和剖析，把人民对生活品质的要求、对未来生活美好的向往融入广告设计中，如图 1-19 所示。

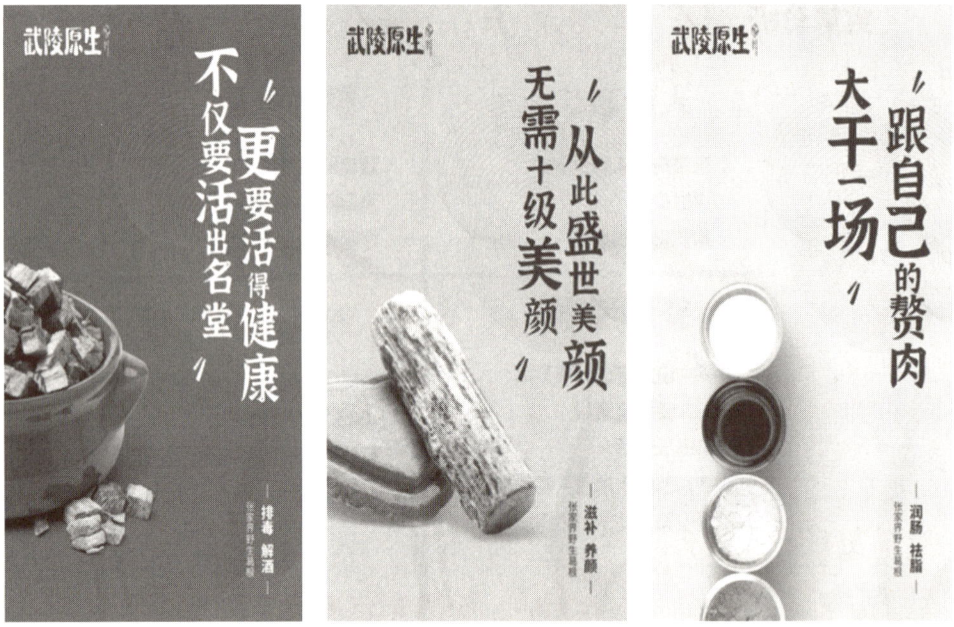

图 1-19　产品广告设计

（二）树立企业形象

1. 企业形象

如果说广告的首要目标是促进产品销售，那么广告的核心目标则是树立企业形象。一支好的广告可以提升企业在社会公众心中的地位，提高企业认可度和美誉度，这是企业孜孜以求的，也是企业家最看重的，他们迫切需要向社会公众表达自身的企业文化、企业使命、企业价值观和愿景。广告是很好的传播媒介，是连接企业与社会公众的桥梁，对于树立企业良好形象起着至关重要的作用，甚至可以纠正公众对于企业的认知偏差，为品牌或产品创造一个良好的生态市场。

2. 品牌形象

衡量广告优劣的标准，不仅是其目前对于产品销售的贡献。从长远来看，能否帮助企业树立一个持久的品牌形象至关重要。产品能够真正地融入消费者的日常生活之中，让品牌形象得以历经长时间的塑造和积累从而深入人心，这是广告的重要使命。

3. 广告形象

广告形象代表着企业和品牌的形象，好的广告助力建立持久的、有价值的品牌形象，提升品牌知名度。好的标准必须建立在对于品牌或产品形象的提炼和塑造之上，结合消费者的需求，挖掘品牌或产品与消费者之间的连接点，并追求广告的长期效果、影响力以及传播度，这对于打造企业良好口碑和品牌形象至关重要。相反，如果广告无中生有、脱离企业和品牌实际，终究得不到消费者的共鸣，不可能得到认可，甚至会毁掉企业或品牌在消费者心中的形象和地位。

【案例赏析】

黎姨鸡蛋仔是东莞老城区最具历史、老街坊最熟悉的小食摊档。在其创立三十五周年之际，设计公司将黎姨的笑容头像和推车仔作为重要的广告元素，结合报纸的形式讲述老字号品牌几十年的故事，从而加深黎姨鸡蛋仔在东莞人心中的老字号品牌形象，如图 1-20 所示。

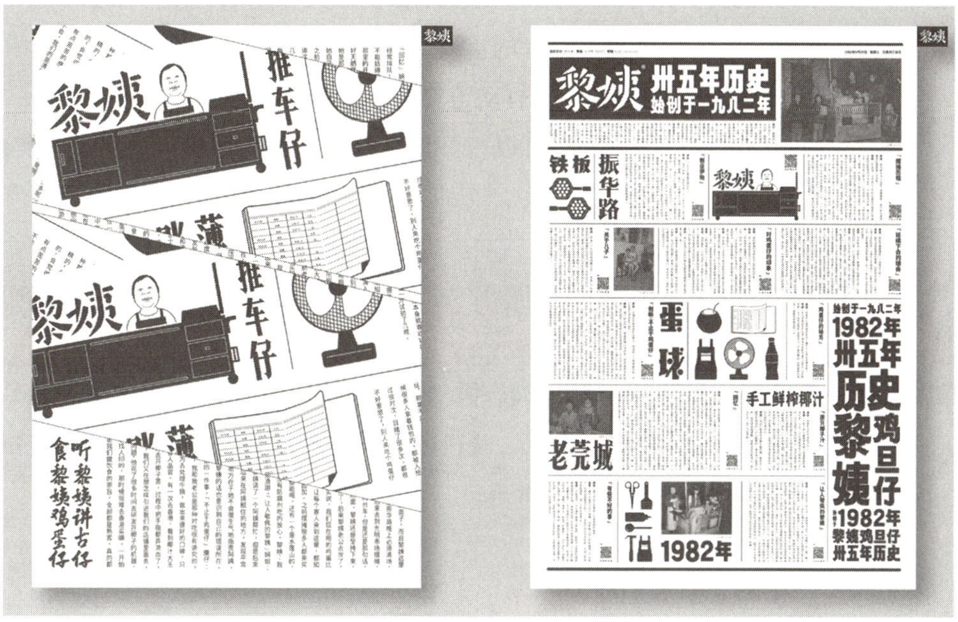

图 1-20　品牌宣传海报

（三）培养未来消费者市场

1. 广告承诺

广告必须具体、明确地传达出消费者的利益诉求，对于消费者来说应当是有意义的、有价值的、可信的，并且一定要实现对于消费者的承诺。过于夸大的、含糊不清的、花言巧语式的承诺不会产生好的广告效果，甚至会影响消费者市场的形成和壮大。

2. 广告宣传

通过广告宣传，企业能够进一步开拓市场，推广新产品，从而创造新的目标市场，挖掘潜在的消费者市场；目标消费群体为长期使用和购买产品的消费者，起到稳定消费者市场的作用；吸引对标产品的消费者，将其转化为自身产品的消费者。

3. 广告效果

广告的成效可以直接体现在产品的销量中，从而实现企业的短期营销目标。而广告能否长期有效地维持产品在市场上的占有率和购买力，需要时刻跟踪产品的研发、升级以及广告效用在消费者群体中的体现，适当地进行广告的更新和调整，让广告效用长期有效，进而把控未来消费者市场的动向。

（四）培养美好情愫与审美

1. 情感诉求

如今的消费者对于产品的依赖已经不仅仅停留在产品的基本属性和价值的维度，对于产品的情感依赖也是消费者的重要诉求。选择产品相当于选择某种情感体验或情感寄托，因此，情感广告容易打动消费者，让消费者产生共鸣。情感在一定维度上是广告的有力武器，加以利用可以很好地满足消费者的情感诉求，进而实现广告的目标。

【案例赏析】

新围荔枝是一个很好的个案，其将客家精神、客家阿姨热情好客、淳朴善良的形象进行融合设计，同时体现客家荔枝古法种植的特点，传递客家荔枝的品质，使得消费者对新围荔枝注入情感，为新围客家荔枝赋能，如图 1-21 所示。

图 1-21　广告插画元素

2. 审美需求

黑格尔在《美学》中提出“美是理念的感性显现”，而广告是在品牌理念的基础上进行的创作表达。因此，广告可以是美的，况且消费者对于审美的需求日益增长，所以广告的目标之一是要满足消费者的审美需求。

第三节　广告创意概述

广告创意是广告活动的核心组成部分，是在明确的广告主题指导下，在限定的广告预算范围内，在产品市场调研的重要基础上产生的，广告创意的产生体现了一定的广告策略思想。一个好的广告创意，一方面受到广告运行中其他环节的影响，另一方面，也是保证其他广告环节有效运作的关键步骤。优秀的广告创意是一支优秀广告的外在表现。

一、广告创意的含义与本质

广告创意是指广告人员根据广告客户的营销目标，以广告策略为基础，经过独特的思考和精心策划，运用艺术手段，将所掌握的材料进行创造性地组合，以创造出独特、新颖且富有吸引力、影响力和说服力的广告内容的过程。简单来说，就是在广告中提出新颖的想法和独特的表现，使广告从众多信息中脱颖而出，有效传达信息并激发消费者的购买欲望。广告创意的本质是根据产品市场、目标消费者、竞争对手等情况制定的广告策略，进而影响目标消费者的情感和行为。

广告学者和业界人员对于广告创意的含义众说纷纭。美国当代影响力最深远的广告创意大师之一，詹姆斯·韦伯·扬（James Webb Young）在他的著作《创意生成》中提出的“创意”的定义在广告界已经被广泛认可。他认为创意完全是各种旧元素的新组合。这里所说的“旧元素”，是指各类知识（认识、经验及技巧），主要包括有关产品和目标消费者的特殊知识，以及人们日常生活中的一般知识（甚至包含与广告有关的传播技术）。“新组合”是指运用这些知识，找出一个适合与消费者沟通的“点子”。将以前的要素进行重新组合的能力，在很大程度上取决于广告人认清这些要素之间关系的能力。

森特格·威克（Sentg Wick）则说：“创意就是你发现了人们习以为常的事物中的

新的广告策划与创意含义。”H. 弗兰克（H. Frank）认为：“创意人员的责任是收集所有能帮助解决问题的材料，像产品事实、产品定位、媒体状况、各种市场调查数据、广告费用等，从这些材料中分类整理归纳出需要传达的信息，最后将其转化为一种极富戏剧性的形式。”

简单总结来说，广告创意是根据市场调研分析、广告目标和广告策略，创造出广告的核心关键词，并围绕着这一核心关键词表达具象的、形象化的广告诉求的创造性思维活动。实际上，就是在广告策略解决了“为什么说、对谁说、说什么”之后，解决广告“怎么说”的问题。广告创意在商业传播领域扮演着举足轻重的角色，从本质、前提到表现形式、目的，都蕴含着独特的逻辑与意义。下面我们将对广告创意的这四个关键方面进行深入剖析。

（一）广告创意是创造性思维活动的精彩绽放

“创”是指将过去不曾有过的事物或观念创造并构想出来，突破常规。“意”就是主旨，或称之为主题。广告创意是创造性思维的结晶，它突破常规思维的桎梏，以独特视角审视产品或服务，挖掘新颖的表达方式。创造性思维赋予广告独特魅力，使其在信息洪流中脱颖而出。创造性思维贯穿广告策划、制作的各个环节，使广告从平淡无奇走向精彩纷呈，成为吸引消费者的强大磁石。

（二）科学的市场调查是广告创意的基石

广告创意并非凭空产生，科学的市场调查是其不可或缺的前提。广告创意的前提是对市场、企业、产品、目标消费群体、竞争对手进行详细的市场调研分析。根据企业的营销目标，以品牌形象塑造为基础，以销售份额占有率为最终目标，在广告活动中达成企业所需要的效果。广告创意的核心即争取用户，它担负着引起消费者注意，刺激消费者购买欲望的重任，以实现促销为最终目的。

【案例赏析】

东莞形意达广告公司的《中洲中央城邦项目营销推广方案》能在众多广告公司竞标中胜出，原因在于其深入客户，深入市场，用定位的思维为客户构建解决方案，为客户做精准的定位广告。该项目通过前期大量的市场调研、未来竞品项目分析、产品分析、客群分析等，挖掘该项目自身独特的价值，提炼出该项目广告定位语：“主城中枢　东方意境——献给懂生活品质的主城人”，目标：“让老石碣人感受新的主城，让主城人寻找一个家的方向”。

（三）从抽象到具象是广告创意的艺术转化

广告创意的卓越之处在于将抽象的产品概念转换为具体的形象。产品概念往往包含功能、特性、价值等抽象元素，广告需将其转化为生动、直观的画面、情节或语言，让消费者易于理解与接受。例如，一款智能健康手环的产品概念是“全方位健康管理”，这一概念较为抽象。在广告中通过具象的方式展示手环使用者在一天中对手环的使用，手环实时监测运动记录、心率、血氧饱和度、压力、睡眠质量监测等数据，并在相应的手机 App 上生成详细的健康数据报告，同时广告画面配以温馨的色彩与舒缓的音乐，营造出关怀、科学、专业的氛围。这种将抽象概念转化为具体场景与视觉形象的方式，能使消费者迅速理解产品的价值。

【案例赏析】

海报“烟火的延续”是东莞社区活动展览海报设计，“烟火的延续”这个主题比较抽象，但该广告创意从在地场景中获取灵感，以腊肠这一具体形象表达抽象的烟火气，再通过现代设计手法，将东莞腊肠的矮胖造型几何化，构成基本设计单位，使之串联成“烟火”两字，再现秋冬时节家家户户门前挂上大串腊肠的场景。内部铺以不同的肌理，抽象化模拟腊肠肠衣里被包围的晶莹肥肉，亦添上几分烟火缭绕的质感，如图 1–22 所示。

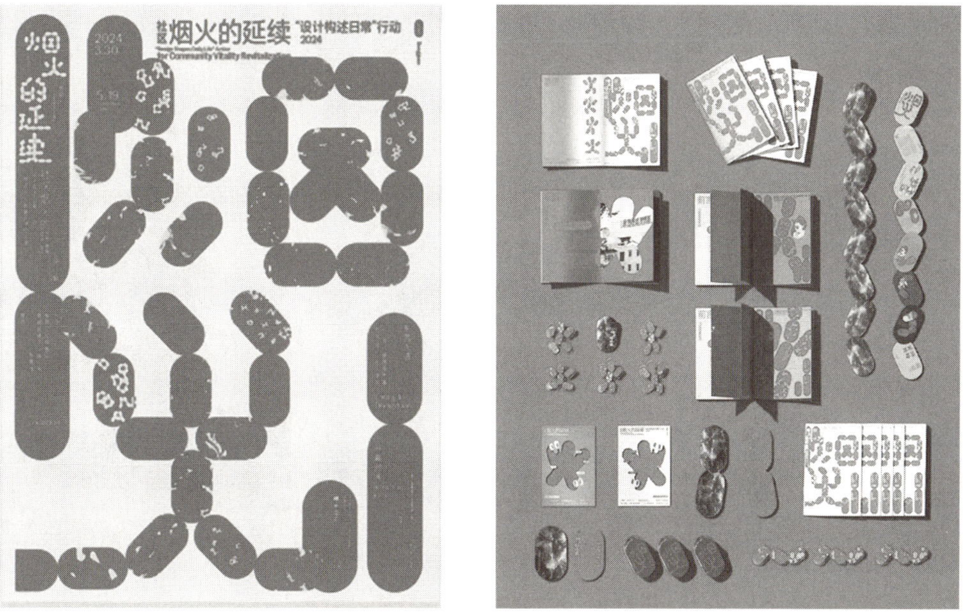

图 1–22 “烟火的延续”社区活动海报设计

（四）广告创意的核心使命是塑造品牌形象与体现商品个性

广告创意的终极目的是塑造独特的品牌形象，精准体现商品个性。品牌形象是消费者对品牌的整体印象，包括品牌价值观、个性、情感等。广告通过持续、一致的创意表达，传递品牌核心价值，塑造鲜明形象。如可乐通过广告传递快乐、分享的品牌理念，广告画面中常常出现欢乐人群共同畅饮的场景，强化品牌在消费者心中积极、活力的形象。

品牌形象与商品个性相互关联，商品个性支撑品牌形象，品牌形象提升商品价值。成功的广告创意，能让消费者在认识商品个性的同时，记住品牌独特之处，建立品牌忠诚度，为企业带来长期的市场竞争优势。具体到广告创意这一环节，创意的目的是让目标受众了解商品个性，让品牌形象在目标受众的心中扎下根，在此基础上再促使他们采取购买行动。

【案例赏析】

图 1-23 为 2022 年第 28 届“蓉城之秋”成都国际音乐季的主视觉海报。在水墨的轻快笔触与淋漓墨点中，勾绘传统艺术与音乐的交互与碰撞。海报传承往届的国风水彩泼墨风格，把熊猫、城市建筑、音乐完美地融合在一起，以水墨概念的形式展现音乐季艺术的意趣，彰显活力韵律之美！

图 1-23　成都国际音乐季海报设计

二、广告创意与纯艺术创作的差异

从根本功能上看，纯艺术创作以欣赏为根本目的，不含经济或其他方面的功利性，而广告以传达信息为首要目的，其功能在于传播已设定的特定信息，具有价值传播或经济方面的特定功利性考虑。

从创作手法上看，纯艺术创作和广告虽然都发挥了想象的巨大作用，但纯艺术创作的想象可以是虚构的，而广告想象必须确保其真实性。

从创作限制上看，纯艺术创作的构思不受任何外在事物的限制，虽然可能面临材料、场地等一些实际问题，但在创作理念和表达形式上相对自由。而广告创意受到诸多限制，如必然受广告产品和广告策划、广告预算、制作时间等因素的制约。

从创作目的上看，纯艺术创作更多是艺术家个人情感、观念、思想的表达，以抒发作者个人感情为目的，而广告创意具有明确而直接的商业目的，旨在促进产品或服务的销售，提升品牌知名度、美誉度和市场竞争力。

从受众导向上看，纯艺术创作的受众相对宽泛且不特定，艺术家创作时不一定针对某类特定群体，作品可被不同背景、文化层次的人欣赏和解读。广告创意高度关注受众需求和反应，以目标消费者为核心受众。

三、广告创意的三要素

一个优秀的广告创意需要在主题、形象、手法三个方面都符合一定的要求，我们把这三个方面：明确的广告主题、生动可信的广告形象，以及特有的艺术手法，称为广告创意的三要素。

（一）广告主题

广告主题是广告创意的核心。广告创意不同于广告策划，也有别于广告制作，它起到中介作用。广告创意要将广告主题的抽象意图构思成具体的、生动的艺术形象，让受众体验到广告的意图，并且欣赏和接受它。广告主题与创意之间互相联系、互相依存，缺一不可。广告有了明确的主题后，如果缺乏表现主题的创意，就无法吸引受众眼球并引起情绪反应，因而无法取得良好的宣传和促销效果。如果创意新颖，但与主题不相协调，主题思想不能得到充分体现，甚至对主题思想产生干扰，那么必然无法使人集中注意力，甚至产生歧义，使广告效应遭到削弱。

【案例赏析】

FABER CASTELL 铅笔海报为了宣传彩色铅笔的使用效果，在海报中很好地融合了自然色彩，用森林的绿色、雪山的白色、火山爆发的黑色生动地展现出商品的价值，如图 1-24 所示。

图 1-24　FABER CASTELL 铅笔海报：大自然的颜色

（二）广告形象

广告形象一方面必须是确定的，容易让消费者识别，使竞争者无法或不便摹仿；另一方面，广告形象又必须与其宣传的品牌特征相吻合。广告可以通过艺术手段的特殊处理，将广告主题表现得淋漓尽致，但要引起消费者注意，使其理解和接受广告传播的思想和观念，广告创意要以生动形象为依托，采用醒目、诙谐、夸张、引人联想的艺术表现形式。

（三）艺术手法

新颖独特的艺术手法能为广告创意注入全新活力，使其在众多信息中脱颖而出，吸引受众目光。在广告创作中，由于受思维定势的影响，创作者的很多创意停留在过去的模式上，缺少创新精神，可谓“穿新鞋走老路”，这样的广告缺乏新意，会造成审美疲劳。而带有新颖独特属性的作品如同磁石一般，在当今信息爆炸的时代，吸引着消费者的目光，推动着广告达成其商业与传播目的。

第四节 广告创意的形成过程

创意是广告运作中不可或缺的要素，是广告的灵魂。一个好的设计往往来自于好的创意，而好的创意则是设计师创造性思维的凝聚和闪光。创意产生的过程可以分为四个生命周期：创意潜伏期、创意导入期、创意成长期、创意成熟期。

一、创意潜伏期

（一）设计素材的积累

设计素材是指与设计相关的图片、视频、音频等资料，养成积累素材的习惯是设计学习者必备的重要技能之一。除了从书本上学习得来的理论知识外，我们在日常的社会生活和个人生活中获得的各种知识也是素材的重要来源，良好的素材搜集不仅能够提高设计效率和作品质量，并且能够带来更多的灵感和创意。

（二）创造性思维的训练

优秀的创意不仅需要素材的积累，还需要创造性的理念。创意人员平时要有意识地进行创作型思维的训练，除了横向思维、纵向思维，还要主动训练自己的逆向思维、跳跃性思维、换位式思维、交互式思维等。

丰富的想象力是创造才能的一个重要标志，是孕育形象、生成创意的基本条件，是进行创造的重要前提。可以说，想象力是创造力的翅膀。

二、创意导入期

（一）研究广告的产品和市场情况

为了得出一个优秀的创意，广告创意人员应有针对性地做“功课”。

首先要彻底了解自己的产品，其次要了解竞争的产品。搜集并研究资料，根据旧经验，启发新创意。创意人员可以通过走访消费者，了解产品的受众人群、使用方式、使用目的、使用环境、使用方法、使用过程、消费者满意度等；也可以从市场信息、竞争者的用户、竞争对手发布的广告信息中挖掘出他们的策略、竞争力、弱点等，以及自身产品相较于竞争产品的长处与短处；还可以通过走访经销商、销售代表、商场营业员等，了解他们对行业、同类产品与替代性产品的意见与建议，了解消费者在购买现场的行为与心理特征。

克劳德·霍普金斯（Claude Hopkins）为了做一个不带咖啡因的咖啡广告，看了上千份科学论文，为了做一个牙膏的广告，查阅了一堆像废纸一样枯燥乏味的科学读物。勤于收集，勤于阅读，勤于整理，做到这些对创意灵感的出现自然有帮助。

（二）拟订广告文案和构想理念

把所搜集的资料加以咀嚼消化，使意识自由发展。在掌握上述事实材料的基础上，将这些材料作为参考，起草一个文案，把握正确的方向。利用你的心智仔细检查这些资料。创意的文案应包括产品的所有情况，定位好广告诉求对象，这是成功广告的有效创意的关键一步。

大多数心理学家认为，印象是产生启发的源泉，各种创意是在意识发展中产生的。从不同的心理角度进行构思，尽可能多地把种种涌入脑中的想法集中摘取出来，加入创意的发展行列，然后进行过滤与分类，使之成为一种凝聚多种构想的组合资料。

三、创意成长期

创意成长期是在收集、总结的基础上进行交流和思考。这个阶段有一个显著的特点，就是各种素材、各种思想产生激烈的交锋或碰撞，也可以说是信息与思维的碰撞。其实创意也是碰撞出来的，是不同的信息比较、归纳、分析、综合、嫁接、推理等的思维结果。

（一）个体的碰撞

就个人的创意而言，有时将产品或服务的信息与平时积累的素材进行碰撞，就可能出现某些创意的火花，即一接触到创意简报，就立即与过去的素材发生了关联，产生了联想，从而引发了创意构思。

（二）群体的碰撞

就群体而言，创意小组的创意会议是碰撞的好机会，多种信息、想法会相互碰撞，故有人称之为“头脑风暴”。

（三）感性与理性的碰撞

创意策略是理性的，创意表现是形象的，即使创意表现是理性诉求方式，也是运用形象化的表现形式。所以从创意确立的角度上看，创意是感性与理性的碰撞。

当一个广告创意已经基本成型时，要将其与竞争的品牌进行客观的比较，分析这个创意在表现上是否有独到的优势，同时验证创意与企业的整体经营策略和至高目标是否存在不一致，甚至冲突的地方。如果存在则要进行研究和修改，只有这样才能使其真正具备成功广告创意的特质。

四、创意成熟期

创意的成熟大致需要经过两个步骤，一是对初步创意策略性的研究，分析其是否符合创意策略，是否要进行策略性的微调，以使创意的方向更准确；二是对初步创意的表现力、形象性、通俗性、关联性等方面进行进一步的强化。在创意成熟期，主要完成初步创意加工工作，需要集思广益，必要时要进行创意测试，以保证初步创意真正走向成熟。

追求成功的创意是一个复杂的创意性思维过程，需要付出艰苦的思维劳动，反复思索，苦心追求，遇到困难和挫折不能气馁，要坚持下去，采用新的途径和思维方式，调整自己的思路，在新的思索中获得灵感，并爆发出闪亮的创意，最终以文字或图形将创意具体化。

广告创意从产生开始，经过上述过程，整理归纳后得出结果，创意思维过程如图 1-25 所示。

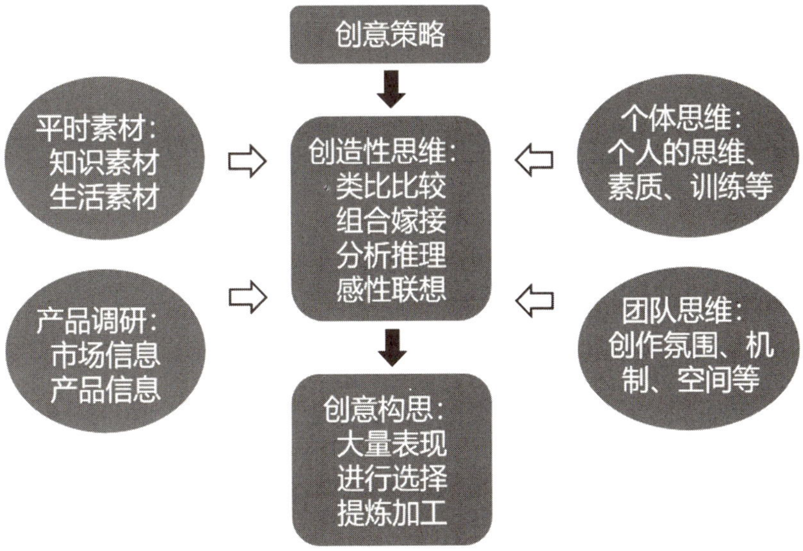

图 1-25　创意思维过程图

课内实践

一、市场调研

要求：请以 3 ~ 5 人为一小组，从以下两个全国大学生广告比赛中任选一个命题企业进行市场调研，并完成调研报告，包括调查问卷、统计分析图和总结，以 Word 文档格式提交。

1. 第 15 届全国大学生广告艺术大赛（简称“大广赛”），如图 1–26 所示。
2. 中国大学生广告艺术节学院奖（简称“学院奖”），如图 1–27 所示。

图 1–26 “大广赛”网站

图 1–27 “学院奖”网站

二、SWOT 分析图

小组根据调研结果，结合本章介绍的 SWOT 分析理论为命题企业做一个 SWOT 分析图，提出问题和对策，小组讨论并共同完成，用 PPT 形式提交。

三、你问我答

1. 广告创意思维的过程分为哪几个阶段？
2. 分享一下有哪些较好的收集竞争对手情况的方法，并完成 3 ~ 5 种同类竞品分析。

课外拓展

一、观看“中国大学生好创意”大广赛策划案现场决赛视频（图 1-28），思考并讨论各个设计团队在作品、小组分工以及现场答辩方面的优劣势，总结比赛经验。

图 1-28　全国大学生广告艺术大赛海报

二、通过书籍、网络搜索优秀广告设计作品，开阔眼界，丰富头脑，并探讨如何从优秀作品中借鉴经验，开展广告作品的创新设计，可参照图 1-29 所示内容开展讨论。

图 1-29　广告作品欣赏

章节笔记

第二章
广告核心策略——好提案

Core Advertising Strategy—Good Proposal

第一节 广告策划的内容

广告策划是指在推广活动中制定广告宣传方案的过程，旨在通过系统性的规划和安排，达到营销目标并满足目标受众的需求。广告策划的内容涵盖了广告活动的各个方面，以确保广告在传播过程中能够有效地吸引受众、传达信息并引发积极的市场反应。广告策划的内容比较广泛，是对广告整体活动的策划，一般重点介绍广告目标、广告策划对象、广告主题与定位、广告区域划定，以及广告媒体运用。

一、广告目标

广告目标策划主要是为整个广告活动的开展确定一个明确目标，指明广告活动的方向，即企业广告活动所要达到的目的，为品牌销量的增长创造条件，指导消费者的消费观念，提高品牌与市场知名度，扩大商品的市场占有率。在策划广告目标时要依据品牌特色、市场营销战略、地域环境和区位经济优势来具体制定，确定广告目标是广告计划中至关重要的起步环节。

在对广告目标进行策划时可以先根据实际情况制定出总目标，在总目标之下再制定出分目标，形成一个总目标清晰、分目标具体的目标系统。

（一）符合企业营销需求

在策划广告目标时要依据品牌特色，准确把握自身产品的特色和在预定的销售区域内有哪些其他同类产品所不具备的优势。通过对商品在市场营销和消费者心目中的位置进行分析研究，为产品树立一个适当的形象，确定一个合适的位置，营造出消费者对该商品的独有印象，这是广告策划活动中的一项主要任务。

【案例赏析】

以铂瑞广场品牌整合传播方案为例，面对房地产销售市场的激烈竞争，对常平镇的公寓项目销售做了较为全面的调研。房地产公司在销售公寓时，需要进行全面的营销来吸引潜在购房者，根据对消费者需求的调研找出自身的优势和竞争力，进行差异化的定位营销，如图 2-1、图 2-2 所示。

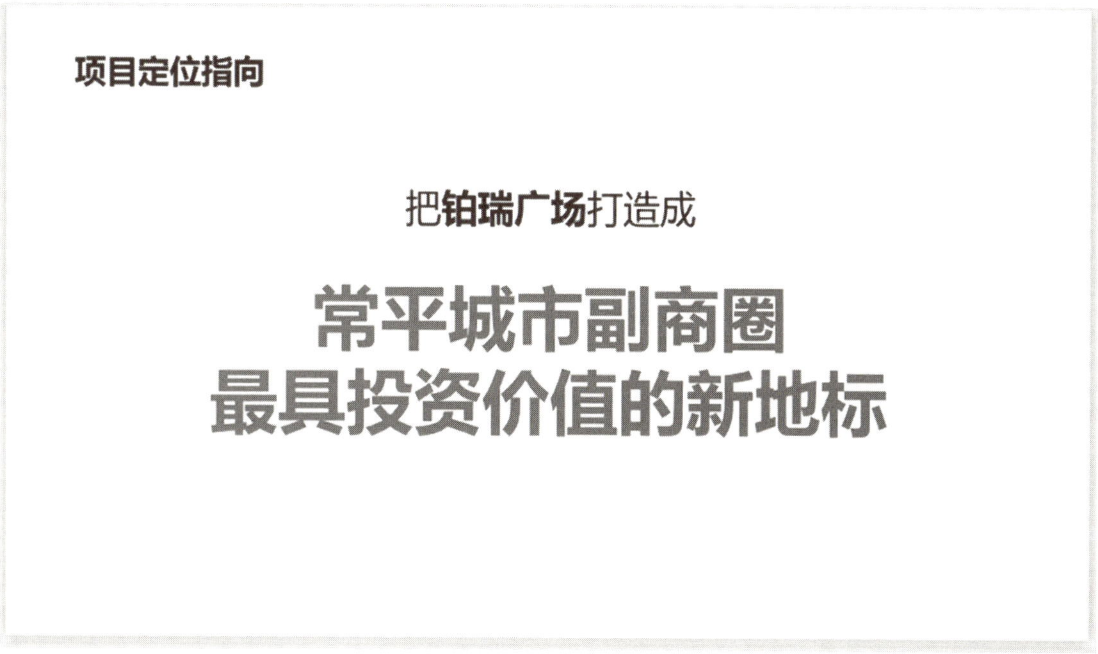

图 2-1　铂瑞广场项目目标定位

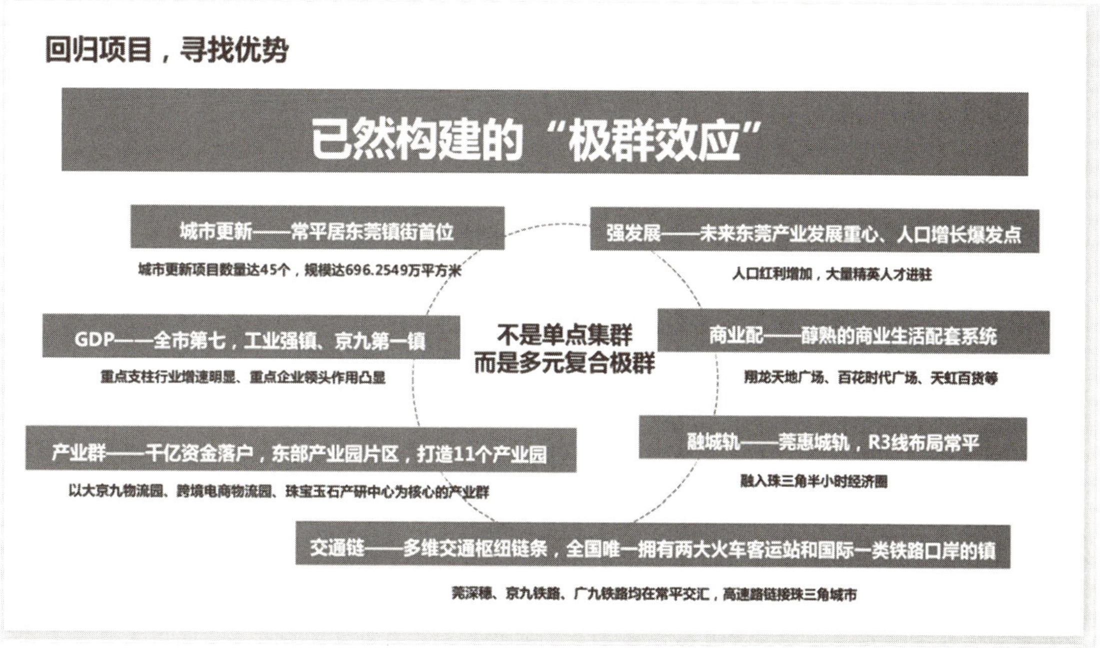

图 2-2　铂瑞广场项目优势分析

由此可见，通过项目优势去创建并提升房地产公司的品牌形象，能够增加公寓项目的信任度和吸引力。确定潜在购房者的特征，如年龄、职业、收入水平、家庭情况等，能够建立和维护与潜在购房者之间的有效沟通，收集客户反馈，以及时调整营销策略。房地产公司在公寓销售中需要综合运用市场调研、品牌建设、宣传推广、线上线下活动等手段，以满足潜在购房者的需求，提高公寓项目的知名度和吸引力，最终实现销售目标。

（二）符合实际切实可行

进行广告目标策划时，要根据企业现状与市场情况、该商品在同类商品中的优劣势、企业与品牌未来前途等，制定出切实可行，符合企业发展与品牌营销的广告目标。广告活动涉及不同阶段（如品牌认知、兴趣引导、销售推动），为每个阶段设定不同的目标，能够确保引导受众完成整个购买过程。广告目标应在可用资源和预算范围内执行，不要设定过于宏大的目标。

【案例赏析】

铂瑞广场项目的营销推广目标分为三个阶段，其定位和内容都很清晰，如图2-3所示。

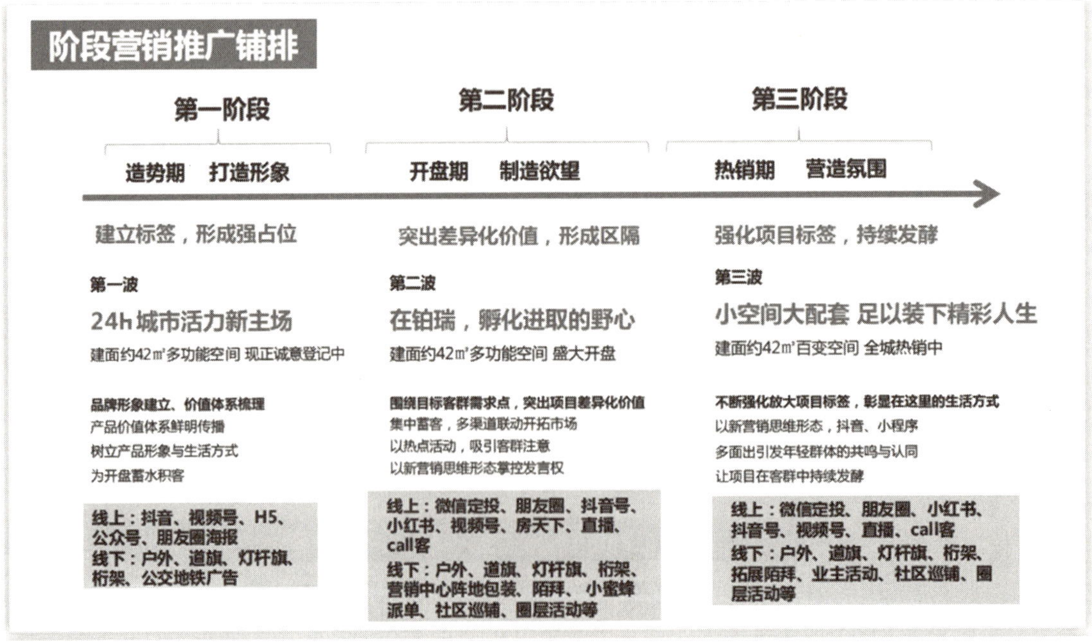

图2-3　阶段性营销推广

（三）符合条件检测效果

广告目标策划活动的优劣能够成为检验广告效果的标准，进行广告传送区域策划活动时还应该主动、适宜地选择迎合本地区消费者文化观念、消费习惯的广告创意表现策略。广告目标将成为广告主和广告公司之间互相协调的重要依据，广告决策的整体准确性为一系列广告活动的调整和效果监测提供了方向。因此广告目标必须要清晰明确，不可以具有不可控性、模棱两可的解释。广告主尽可能将广告活动具体化，使人们在评价时具有普遍的标准。

二、广告策划对象

广告对象是指广告信息传播的目标市场。在广告计划中，要确定广告的诉求对象，即广告能引起哪些人的注意、兴趣，激发哪些消费者或者人群的购买意愿。广告对象既是广告信息传播的接收者，更是商品的潜在消费者，开展这一策划的目的就是研究品牌的目标营销市场，消费者阶层的构成，文化、经济、地域、环境等诸多方面的客观因素，提出解决广告诉求、消费者接受度、品牌品质与市场知名度、商品市场认可度，以及消费者情感变化等问题的方案与策略，指导广告公司创作出广告对象愿意接受的广告作品。

广告对象通常指的是广告的目标受众，也就是广告希望吸引、影响或者与之互动的群体。简单来说，广告对象就是广告想要传达信息、推销产品、提供服务的那些人。举例来说，如果一家公司生产了一款新型智能手表，他们可能希望把广告呈现给对科技产品感兴趣的消费者，年龄在 20 至 40 岁之间，通常是城市居住者，有一定购买力。这些有兴趣购买智能手表的人群就是广告的对象。

【案例赏析】

在铂瑞广场品牌整合传播方案中，目标消费者就是所谓的“后浪们”。“后浪们”是指新一代的年轻人，特别是在社交媒体和网络语境中，这一词汇被频繁用于特指在特定领域或社会中具有创新精神、活力和影响力的年轻群体。有明确的目标客户群更利于针对性地完成广告推广。广告发布后，根据已有的购买力人群和潜在的消费人群进行阶段性的效果检测，如图 2–4、图 2–5 所示。

图 2-4　项目目标消费者群体

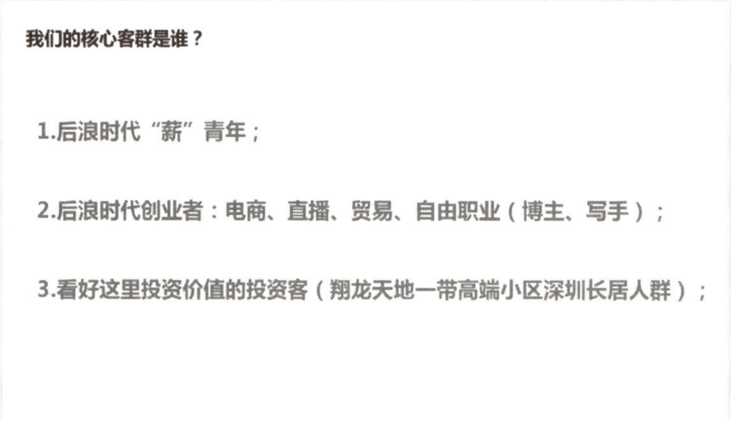

图 2-5　项目核心客群分析结果

广告的成功与否很大程度上取决于是否能够准确地找到并吸引到适合的广告对象。为了达到最好的效果，广告人员需要了解目标受众的特点、需求、兴趣等，从而制作出能够吸引他们的广告内容。

三、广告主题与定位

广告主题就是广告所要表达的中心思想，是一则广告的中枢与灵魂。一则广告从创意、制作到播出都要依据广告主题来进行，因此策划一个鲜明独特，诉求到位的广告主题在广告活动中显得尤为重要。制定广告主题要将品牌特点和目标受众的需求相结合，创造出能够引发共鸣并有效传达品牌核心价值理念的广告；尝试引发目标受众的情感共鸣，情感化的广告主题能使受众与品牌建立情感联系；将品牌特点与时下流行的趋势、社会话题等结合，创造出与时俱进的广告主题；与目标受众互动，倾听他们的意见和建议，了解他们对品牌的看法，以便更好地制定广告主题。

广告定位的内容主要有品牌定位、品质定位、商标定位、系列包装定位、价格定位等。广告定位要深入了解品牌的核心价值、使命、愿景以及目标受众的特点，分析品牌的独特性，弄清楚品牌在市场中的定位和竞争优势，研究目标受众的喜好、需求、价值观，了解他们的生活方式、兴趣爱好以及购买行为，以便找到使他们产生共鸣的主题，根据品牌的核心价值，寻找能够突显品牌独特性和优势的主题，让受众能够深刻理解品牌的意义。

四、广告区域划定

广告区域是指确定广告计划期内广告传播的地理范围。首先应分析该地区的自然气候、地理状况、经济条件、人文环境等各方面的现状与广告所表现的该产品的特色、功能、用途之间的需求关系，再选择合适的部分重点策划，最终根据该地区经济发展水平、消费水平、消费者文化程度、民族习俗等方面的具体情况，选择能最大限度地传递给本地区消费者并可能使他们乐于接受的传播媒体，把广告传送出去。

在确定广告策划中的广告区域时，可以根据目标受众的地理位置、市场特点和营销策略进行规划。

【案例赏析】

汽车公司的新车发布广告

背景：一家汽车公司计划推出一款全新的电动 SUV 车型，希望通过广告活动在市场上引起关注，吸引潜在买家，并促使他们前往展示中心了解更多详情。

目标：提高新车型的知名度，吸引潜在买家，增加展示中心的客流量，推动潜在买家与销售人员的互动。

广告区域划定

城市定位：通过市场研究，选择几个主要的城市作为广告重点区域。这些城市可以是汽车消费市场活跃的地区，人口密集、经济繁荣的城市。

高流量地点：在选定的城市中，选择高流量的地点进行广告投放。这可以是繁忙的购物中心、商业区、主要交通干道等。广告可以在路边、灯箱、地铁站等位置展示。

线上宣传：利用社交媒体、汽车相关网站和论坛，在目标城市范围内展示广告内容。通过在线广告，吸引潜在买家的注意。

中心周边展示：将广告焦点放在汽车展示中心周边区域。这有助于增加客流量，吸引更多人前来了解新车型。

地理定向广告：使用数字广告平台，进行地理定向广告投放。在选定的城市和重要区域投放广告，确保广告内容准确地传达给目标受众。

活动场地：在目标城市内举办宣传活动，如试驾体验、发布会等。选择易于到达且受众密集的场地，吸引人流参与活动。

合作伙伴：与当地汽车经销商合作，在他们的展厅、展示中心进行合作宣传。扩大广告覆盖范围，提高新车型的曝光度。

通过在特定城市和区域进行精准的广告投放，这家汽车公司可以更好地吸引目标受众的注意，提高新车型的知名度和吸引力，同时也能够增加展示中心的客流量，促进与潜在买家的互动。这样的广告区域制定能够更有效地实现营销目标。

五、广告媒体运用

广告主在策划一个广告活动时，常常不只使用单一的广告媒体，而是有目的、有计划地利用多媒体来开展广告活动。媒介组合是大中型企业常用的媒介策略，它比单一的媒体广告效果要大得多。

现代社会中的不同广告媒体，各自都具有传递广告信息的不同特点和手段，对消费者有意吸引与无意接受的程度、方式也各不相同。因此，进行广告媒体策划必须了解并掌握不同媒体的特性，根据各自的属性、传播地域、传播存留时间、对消费者吸引度、覆盖面积、发行数量、传播效果等制定出广告媒体传播方案。

广告时机的选择要服从于总体广告方案，在选择具体时机时要着重考虑销售季节、同类产品的市场竞争情况、本产品的独具卖点等。把握好广告推出的时间与机会是广告作品能否最大范围地传送给消费者，发挥出最佳广告表现效果的重要因素。

【案例赏析】

铂瑞广场地产项目通过全维推广矩阵，分阶段地完成了整体的规划和推广策略，如图 2–6 所示。

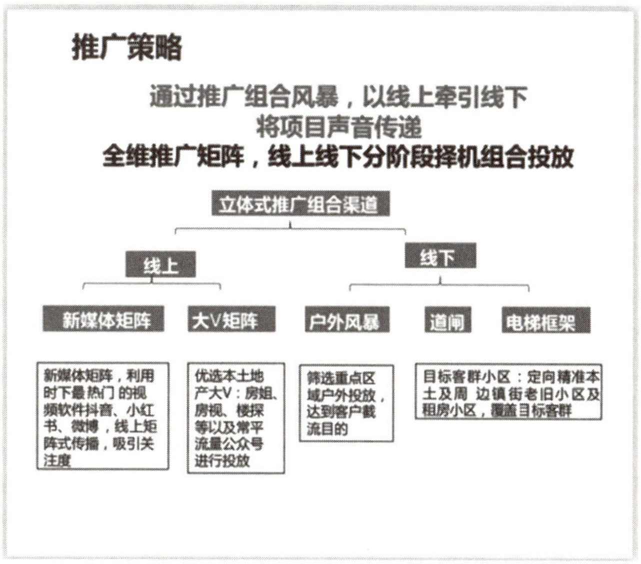

图 2-6　品牌整合传播媒介方案

广告策划是广告活动从概念到执行的全过程，涵盖了目标设定、受众分析、创意、传达信息、媒体选择、预算规划、时间安排、创意制作、测试优化、效果评估等多个关键步骤，以确保广告能够实现预期的市场效果。

第二节　广告提案策略

广告提案策略是指在广告策划过程中，为了实现特定的营销目标和满足目标受众需求，制定的一系列计划和方法。它是广告策划的核心部分，旨在通过系统性的规划和安排，确保广告活动能够在目标市场中达到最佳效果。广告提案策略是为推广产品、服务或品牌而制定的详细计划和方案，涵盖了广告活动的方方面面，从目标设定到具体执行。它是广告营销过程中的重要一环，旨在通过有效的方法和手段吸引目标受众，以确保广告能够成功传达信息、吸引受众并实现商业目标。

一、广告提案策略的内容

广告提案策略是在广告策划的基础上进一步细化和具体化内容，广告策划的要素是广告活动的基本构成部分，涵盖了广告策略的各个方面。这些要素包括目标受众、目标与目的、信息与创意、渠道与媒体，以及预算与评估。广告策划的要素为广告活动提供了总体指导方针，而广告提案策略则将这些指导方针转化为实际的操作计划和步骤，以确保广告活动能够顺利实施并取得预期效果。

（一）目标受众分析

确定品牌要服务的具体目标受众，包括他们的年龄、性别、地理位置、需求、价值观、兴趣、消费习惯等等。然后选择最适合的媒体进行传播，这有助于确保广告精准地传达信息给目标受众。

【案例赏析】

在中洲中央城邦整合推广营销方案中，对以往的成交客群进行了调研和准确的分析，将成交客户区域、成交客户职业、成交客户决定因素进行了精细分类，将客户的区域位置成交、客户刚需人群、客户认可的项目的结果统计出来，对预计客户情况也有了较准确的判断，有助于调整本项目的营销模式使之更科学合理化，精确推动成交率，达到营销目标客户群的效果。

（二）目标和目的

清晰地定义广告的目标和目的，是为了提高品牌知名度、增加销售、推广新产品等等。这有助于确保广告策略与实际目标保持一致。首先要明确广告的具体目标，比如提高品牌知名度、增加销售、推广新产品等。不同目标会影响预算的分配和媒体选择。

（三）信息与创意

信息传达即描述广告所要传达的核心信息和关键信息点，包括品牌的特点、产品或服务的优势、需要解决的问题等。突出创意概念，即广告的核心创意和主题，这有助于确保广告在受众中引起共鸣，增加记忆度，确保广告内容能够引起受众的兴趣并传达清晰的信息。

【案例赏析】

中洲中央城邦整合推广营销方案中通过项目调研和社会现状分析，发现当下人们“小房换大房、租房变买房”的意愿增强。现代人们倾向于选择繁华的城市居住环境，很多消费者都是住宅刚需人群，他们热爱家庭生活，同时也在引领审美趋势，有明确的居住要求，如图 2–7、图 2–8 所示。

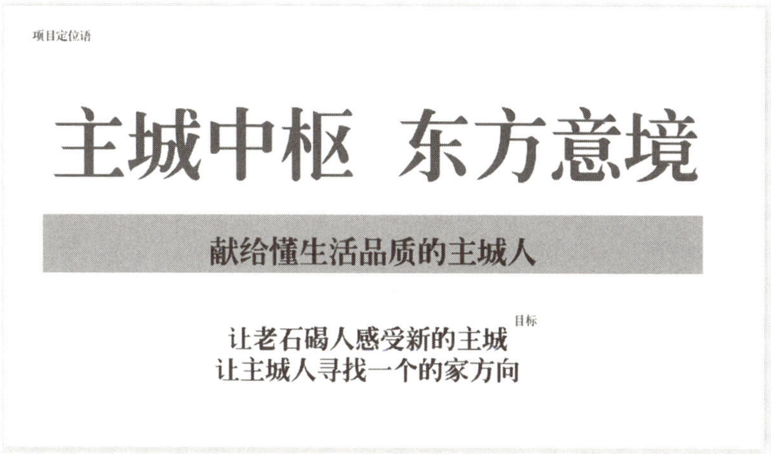

图 2-7　项目定位语

图 2-8　项目主视觉形象

（四）媒体选择与时间安排

确定在哪些媒体平台上发布广告，如电视、广播、社交媒体、户外广告等；选择适合目标受众的媒体，以最大程度地提高广告的曝光度和影响力；制定广告发布的时间表，包括开始时间和结束时间，以及可能的推出阶段；确定广告在每种媒体上的频次和覆盖面。这有助于确保广告在合适的时间段出现，以达到最佳效果，媒体选择与时间安排示例如图 2-9、图 2-10 所示。

（五）预算规划

确定广告的预算，并分配到不同的媒体和渠道上。了解每种媒体的广告投放成本，考虑广告的季节性和时机，包括特定事件或节假日，以及广告位费用和制

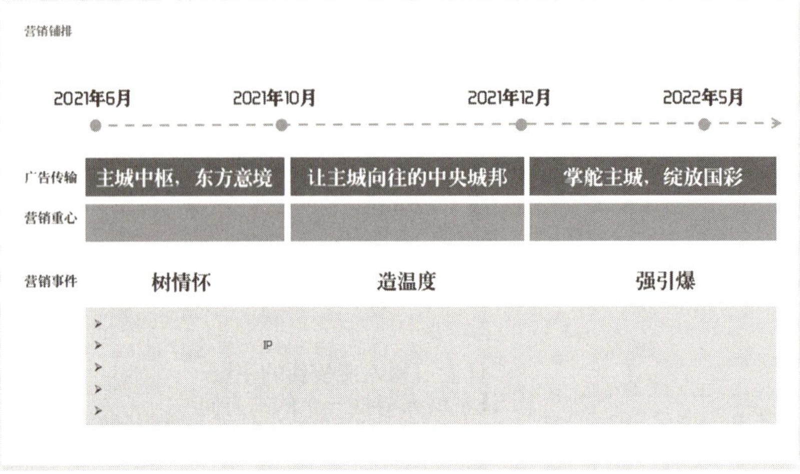

图 2-9　项目营销时间安排

图 2-10　项目媒体组合

作费用等，以便合理规划预算。预算规划要与广告目标相匹配，确保资源的合理利用。制定广告预算时，应根据媒体组合考虑多个因素，以确保有效地分配资源并获得最佳的广告效果。

设置广告监测机制，跟踪广告效果，根据数据调整预算分配和媒体组合，优化广告策略。除了媒体投放成本，还要考虑其他相关费用，如创意制作费用、营销活动费用等。预算分配要具有一定的灵活性，能够根据市场变化和实际情况进行调整。

二、核心策略与品牌推广

广告的核心策略是在品牌推广过程中确定的关键战略决策，旨在明确品牌的定位、目标受众、价值主张以及传播方式，以达到预期的市场效果。核心策略是广告活动的基础，它的定义和内涵涵盖了品牌推广的核心要素和方法。它是品牌推广活动的核心指导，以确保广告能够传达品牌的价值和形象，吸引目标受众并实现商业目标。

核心策略的提出与品牌推广之间存在密切的关系和作用，具体如下。

（一）指导方向

核心策略为品牌推广活动提供了明确的指导方向。它明确了品牌的定位、目标受众、价值主张等关键要素，品牌定位要与竞争对手区分开来，突出品牌的独特性和特点。核心策略确保了品牌推广的一致性。核心策略确定了广告活动的目标受众，详细分析受众的特点、需求、行为，以便精准地传达信息和引发共鸣。所有的推广活动都应该围绕着核心策略展开，以确保品牌在市场中传递的信息和形象保持统一和连贯。

（二）创意发展

核心策略为创意的发展提供了框架。创意围绕着核心策略来构建，确保广告活动能够准确传达品牌的核心价值和特点。核心策略明确了品牌的核心价值主张，即品牌为受众提供的独特价值，这是广告活动中传达的关键信息。

（三）资源分配

核心策略可以帮助合理分配推广资源。根据核心策略的指导，可以确定哪些媒体渠道、推广方式和时间段最适合品牌的推广活动。例如：在广告活动中可以进行 A/B 测试，比较不同广告内容、渠道或创意的效果，以确定哪种方式更有效。

在进行运营时，使用短视频平台作为媒介具有多种优势，特别是在吸引年轻受众、增加品牌曝光和传播信息方面。

【案例赏析】

抖音视频作为运营媒介的优势如图 2-11 所示。

1. 巨大的用户基础

抖音作为全球知名的短视频平台之一，拥有庞大的用户基础，特别是年轻人。

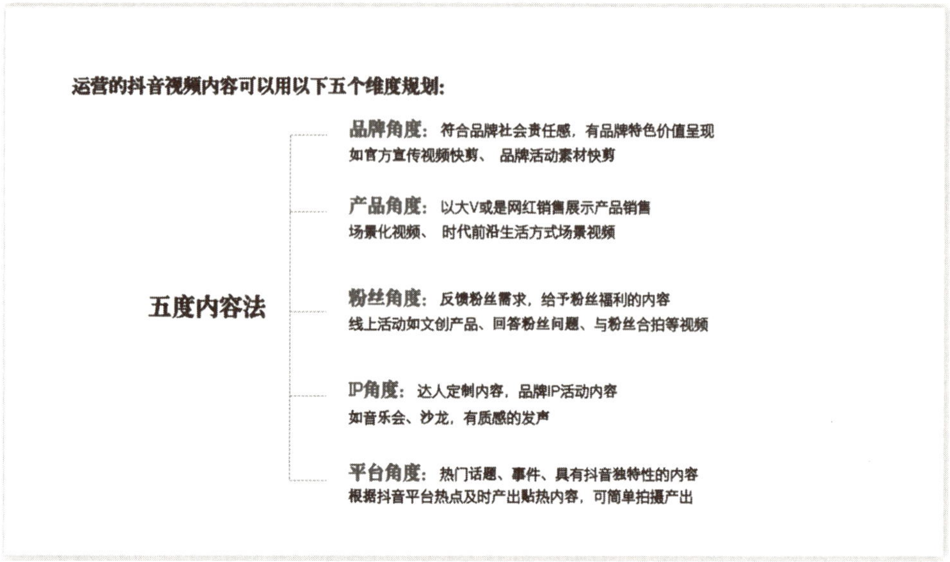

图 2-11　运营抖音视频内容的五度内容法

2. 年轻受众

抖音的主要用户群体是年轻人，尤其是年龄在 18 至 45 岁之间的人群。如果品牌的目标受众是这个年龄段的人群，抖音将是一个非常有效的平台，可以帮助品牌建立认知度和吸引用户。

3. 创意性和互动性

抖音以短视频为主要内容形式，利用视频的视觉、音频和文字元素来传达信息，从而更加生动地吸引观众，这促使创作者在有限的时间内展示创意和信息。此外，用户可以通过点赞、评论和分享等方式进行互动，增加用户参与度。

4. 强大的传播能力

有趣、有创意的抖音视频有可能在平台上迅速传播，甚至可能成为“爆款”视频。这种传播能力可以迅速扩大品牌曝光度，吸引更多用户关注。

5. 直播和互动功能

抖音还提供了直播功能，可以与观众实时互动、回答问题、展示产品等。这种直接的互动方式有助于建立更紧密的用户关系。

（四）评估效果

核心策略提供了衡量推广效果的标准。通过核心策略设定的目标和指标，可以对推广活动的效果进行评估和分析，以便进行调整和优化。在制定核心策略时，要设定明确的量化目标，例如增加销售量、提高品牌知名度、增加网站访问量等。这些目标应该具体、可衡量，且与核心策略紧密相关。比较广告活动实施前后的数据，观察是否有显著变化。

特别注意在广告活动期间和结束后的数据变化情况。收集目标受众的反馈和意见，了解他们对广告活动的看法，从而判断广告对受众的影响。除了在广告活动结束后进行评估，还应定期追踪和评估广告效果，以便及时调整策略和优化活动。

（五）差异化竞争

核心策略帮助品牌在竞争中保持差异化。通过明确品牌的独特性和价值主张，核心策略可以帮助品牌在竞争激烈的市场中脱颖而出。核心策略有助于品牌的长期发展，确保广告活动不仅能够实现短期目标，而且可以为品牌建立长期的市场地位和形象，使品牌在市场中保持持续的竞争力。

综合来看，广告的核心策略是品牌推广成功的关键因素之一。核心策略是品牌推广的基石，它为品牌推广活动提供了指导方向、创意发展、资源分配、评估效果等多方面的支持，帮助品牌在市场中取得成功并实现长期发展。

三、策略结构与创意广告

广告的策略结构是在品牌推广过程中制定的计划和指导方针，以确保广告活动能够准确地传达品牌的核心价值和信息。它包括品牌定位、目标受众、传播内容、传播渠道、预算规划、时间安排等关键要素。广告的策略结构为广告活动提供了明确的方向，帮助品牌在市场中传递一致的信息和形象。策略结构的主要作用是指导广告创意的活动或设计的执行，确保创意与品牌目标一致。

广告的策略结构和广告创意活动的执行是品牌推广过程中两个关键的阶段，它们紧密合作以确保广告活动的成功。

广告创意的活动或设计的执行是在广告策略结构的基础上，将创意理念转化为具体的广告内容和设计的过程。这一阶段涵盖了广告语言、视觉元素、音效等创意要素的制作和呈现。广告创意的活动或者设计的执行要贴合品牌的核心策略，确保创意能够准确传达品牌的独特性和价值。它的主要作用是通过创意和设计吸引目标受众的注意，引发情感共鸣，从而实现广告活动的目标。

在整个品牌推广过程中，广告的策略结构和创意广告的执行是相互依存的。策略结构为创意提供了方向和约束，确保创意与品牌一致。而创意的活动和设计的执行则通过创新的方式将策略转化为引人注目的广告内容，吸引目标受众的关注并产生影响。这两个阶段的协同工作是确保品牌推广活动取得成功的关键。

根据策略结构进行创意广告的制作是确保广告活动与品牌目标一致且有针对性的重要步骤。

（一）深入理解策略结构，找到切入点

在开始创意广告制作之前，要深入理解策略结构中的品牌定位、目标受众、传播内容等关键要素。根据策略结构中明确的品牌定位和目标受众，找到能够引起目标受众共鸣的切入点。考虑如何在广告中突出品牌的独特性和与受众相关的核心信息。

（二）创意概念开发，找到情感共鸣

基于广告的策略结构，开发创意概念，思考如何以有趣、引人入胜的方式传达品牌的价值主张。创意概念应该与品牌目标相契合，同时能够引发受众的兴趣。情感化的创意更容易引发共鸣，产生记忆和影响。

（三）创意形式和内容新颖化

根据策略结构，选择适合的创意形式和内容，可以是故事情节、幽默元素、象征性图像等，以吸引受众的注意。

设计广告的视觉元素，包括颜色、排版、图像、标志等，确保设计风格与品牌形象一致，并能够有效传达广告的核心信息，确保创意广告能够清晰地传达策略结构中设定的传播内容，避免信息过于复杂，保持简洁明了。

（四）保持品牌一致性

在创意制作过程中，保持与品牌定位和价值主张的一致性。创意广告应该是品牌的延伸，传达品牌的独特性和特点。在创意制作完成后，进行内部或小范围测试，收集反馈意见并进行调整和优化，以确保创意广告能够达到预期的效果。通过将策略结构作为创意广告制作的指导，可以确保广告内容与品牌目标保持一致，能够准确传达品牌的核心信息，吸引目标受众的关注并实现推广目标。建立积极的品牌声誉，通过优质的产品和服务来支持品牌定位，逐步塑造品牌形象，从而建立较高的品牌忠诚度。

【案例赏析】

在中洲中央城邦整合推广营销方案中，以麒麟狮作为原型设计了 IP 形象“洲洲”。麒麟狮舞作为非物质文化遗产已经有三百年的历史，代代相传，成为东莞文化的标志，传说凡是麒麟狮踩过的地方，都会带来幸运，故有“麒麟吉祥”一说。IP 就是品牌生产力，能够与客户快速建立联系，形成流量转化，带来更高的收益可能，因此，建立项目品牌形象超级 IP 符号非常有必要，如图 2-12 至图 2-14 所示。

图 2-12 IP 形象胸针礼品

图 2-13 IP 形象文创礼品

图 2-14 IP 视觉 H5（HTML5）展示

四、策略提案运作流程

广告的策略提案通常由广告策划人员或品牌推广团队制定，其主要目的是为了确保广告活动在市场中能够取得成功，传达品牌的核心价值和信息，吸引目标受众的注意力，并实现商业目标。提案是品牌推广的重要指南，将品牌策略转化为具体的行动计划，为广告活动的实施提供清晰的方向和蓝图。

（一）广告策略提案实行的关键步骤

广告策略提案的实行涉及多个具体的过程，这些过程有助于确保策略提案能够有效地制定、传达和实施。以下是广告策略提案实行过程中的一些关键步骤。

1. 问题分析和目标设定

确定广告策略提案的问题或挑战，并设定明确的目标。问题分析包括对市场状况、品牌需求、竞争环境等方面的考察。确定品牌在目标受众中的定位和价值主张。明确品牌希望传达的核心信息和品牌价值。

2. 市场调研和洞察

进行广泛的市场调研，了解目标受众的行为、兴趣、需求等信息。洞察受众的观点有助于制定更有针对性的策略。具体界定目标受众，详细描述人口统计特征、兴趣、行为等，有助于针对性地制定广告内容。

3. 竞争分析

分析竞争品牌在市场中的表现，了解它们的优势和劣势，为策略制定提供参考。确定适合目标受众的传播渠道，根据目标受众的偏好选择最合适的渠道。

4. 创意概念与内容

基于品牌定位和目标受众，开发创意概念，思考如何以有趣、引人入胜的方式传达品牌信息。将创意概念转化为实际的广告内容，包括文案、图像、视频等。确保内容能够有效地传达品牌价值。

5. 实施和推广

制定广告策略的预算，包括创意制作、媒体购买等费用。合理规划资源以支持策略实施。将广告策略付诸实施，包括广告投放、宣传推广等活动。确保广告按计划推向市场。

6. 调整和优化

定期监测广告活动的效果，收集数据并分析广告的影响。根据数据进行评估，判断广告策略成功与否。根据监测和评估的结果，进行必要的调整和优化。根据反馈信息，优化广告内容和传播方式。

7. 报告和总结

在广告策略实施结束后，撰写策略提案报告，总结策略的执行情况、效果和经验教训。

这些具体过程相互交织，共同构成了广告策略提案的实行过程。每个步骤都至关重要，它们帮助确保策略的制定和实施能够达到预期的品牌推广效果。

（二）策略提案的线下活动案例

广告策划线下活动的具体流程可以因品牌、活动类型和市场环境而异，但通常包括以上关键步骤。以下是一些知名的线下品牌推广案例，展示了不同品牌如何通过有趣的创意活动在现实世界中吸引目标受众的注意。

1. 鸿星尔克国货感恩义卖活动

鸿星尔克携手多个国货品牌，共同开启了一场别开生面的国货感恩义卖活动。通过这一活动，鸿星尔克不仅展现了其作为国货品牌的责任与担当，还与其他品牌共同探讨高质量发展路径，实现了品牌间的合作共赢。活动现场氛围热烈，消费者纷纷响应，共同为公益事业贡献力量。

2. 京东“沸腾之夜”晚会

京东举办“沸腾之夜”晚会，邀请多位明星嘉宾参与表演，并设置了多个互动环节。晚会期间，京东还推出了多种优惠活动和限时抢购，让消费者在享受娱乐的同时也能享受到购物的乐趣。通过这一活动，京东不仅提升了品牌知名度，还提升了消费者的购物体验，实现了线上线下融合营销的新突破。

3. 格力“自然有答案”快闪活动

格力品牌与京东 MALL 合作，举办了一场以“自然有答案”为主题的快闪活动。活动现场设置了多个 3D 场景和家庭场景互动体验区，让消费者在轻松愉快的氛围中体验格力的创新产品。通过这一活动，格力不仅提升了品牌形象，还拓宽了销售渠道，实现了线上线下融合营销。

4. 百丽“丑鞋”系列线下体验活动

百丽品牌大胆尝试，推出了一系列被戏称为“丑鞋”的产品，并在线下门店设置了体验区。这些鞋子以颠覆性的美学元素和舒适的设计赢得了消费者的喜爱。通过社交媒体的话题营销和线下体验区的设置，百丽成功吸引了大量关注，展现了品牌对个性解放和悦己生活理想的追求。

这些案例展示了品牌如何通过创意、互动和有趣的线下活动吸引目标受众，传递品牌价值和理念，增强品牌与受众之间的联系。这些成功的品牌推广活动为其他品牌提供了有价值的借鉴和启示，如图 2-15 所示。

图 2-15　品牌营销线下活动

（三）策略提案的线上活动案例

以下是一些创意十足的线上品牌推广活动的真实案例，这些案例展示了品牌如何利用创意和互动性来吸引目标受众并提升品牌知名度。

1. 瑞幸咖啡合作茅台推出“酱香拿铁”联名活动

瑞幸咖啡与贵州茅台跨界联名，推出了年度重磅新品——“酱香拿铁”。此次联名活动不仅将在包装上完美融合两个品牌的特色，还在产品研发方面诚意十足。双方研发团队从口感质地、风味融合等多个维度进行考量，最终选定用质地浓郁的厚乳作为奶基底，搭配瑞斯奇托（Ristretto）精萃工艺，将茅台酒的酱香风味与咖啡风味充分结合。

品牌在产品宣发方面也下足了功夫，如微醺状态的瑞幸品牌标志、预热海报融合酒文化暗语、广告通过不同场景展现年轻人的新型“酱香文化”等。此外，还邀请了知名人士作为广告预埋的彩蛋，证言产品含有真实茅台酒。

“酱香拿铁”一经上市，迅速成为网红爆款，火速出圈，日销量达 542 万杯，单品销售额超过一亿元。同时，该活动还在社交媒体平台上引发了广泛讨论和打卡热潮，限量周边更是一件难求，微博、抖音、小红书等各平台热搜霸榜，微信指数上线首日品牌环比指数上涨 1 535%。

2. 华为 Mate 60 系列手机发布“未发先售，遥遥领先”活动

在未召开任何相关发布会的情况下，华为 Mate 60 系列手机直接宣布上架开售，这一举动引发了全民热议。

品牌频繁用“遥遥领先”来形容华为在业内的地位，在处理器、摄像头、屏幕、电池、充电、系统到应用等方面，均“遥遥领先”于竞争对手。余承东充满个人特色的口音和风格引发广大网友调侃，在华为 Mate 60 系列的相关宣发视频中被网友津津乐道，“遥遥领先”也成为网络热梗，进一步引爆了此次新品的流量热度。

华为 Mate 60 系列手机在极短的时间内一售而空，可谓“一机难求”。同时，“遥遥领先”这一网络热梗也进一步提升了华为品牌的知名度和影响力。

3. 哔哩哔哩（bilibili）“站”对“站”的春节营销活动

在春节到来之际，B 站面向全国铁路站发出请求，希望各站能照顾一下回家路上的年轻人。通过此次“站”对“站”的嘱托，在助力年轻人顺利回家的同时，完成春节语境下 B 站的再度诠释与印象刷新。

B 站的这支广告片历时 27 天，跨越 22 591 千米，最终浓缩成 6 分钟的故事，以呈现出年轻人归家途中最真实动人的面貌。在内容上，该片通过“站”字移情进行差异化的春节营销；在人群方面，获得年轻人的共鸣，构建了丰富的内容生态。

该广告片传播效果显著，实现总曝光超 5 亿次、播放量破 1 亿次，多平台点赞量均超 10 万次，并登上多个热搜榜单。此外，该活动还引发了多平台的接力二创，获得重点媒体、铁路交通圈层的高度好评。

这些案例展示了中国品牌在数字营销方面的创新和实力。通过结合品牌特点、消费者需求和市场趋势，中国品牌成功打造了一系列具有影响力和吸引力的线上活动，与目标群体建立互动关系，提升品牌的知名度和影响力。这些创意活动不仅在线上平台上引发关注，还为品牌在社交媒体和用户互动中赢得了良好的声誉，如图 2–16 所示。

图 2–16　线上品牌营销活动

第三节 广告核心概念

广告策划营销需要通过一种鲜明、突出的主题或核心概念来传达品牌的核心信息、价值观，营造情感共鸣，以吸引目标受众的注意并建立与品牌的深层连接。广告主题的核心概念营销强调通过一个有趣、有创意、有感染力的主题来打造广告内容，以在竞争激烈的市场中脱颖而出。随着营销目标的推进，根据市场变化和反馈，不断调整和改进营销策略，以适应不断变化的市场环境。营销策划的核心概念是在深入了解市场和目标受众的基础上，制定目标明确、差异化明显、策略合理的计划，通过有效的营销活动实现预期的商业目标。

一、营销策划核心概念

品牌营销策划的核心概念是指在品牌推广过程中的关键理念和原则，在一系列营销策划案中建立、塑造和推广品牌的战略和活动指导方向。

（一）核心主题

广告主题营销强调一个清晰、突出的核心主题，用以传达品牌的关键信息。这个主题通常是一个简短的口号、短语或情感表达，有助于让观众长时间记忆并与品牌关联起来，能够在受众心中留下深刻印象。

（二）情感共鸣

情感在广告中往往能够更深刻地影响人们的注意力和记忆。广告主题营销追求情感共鸣，通过触发受众的情感反应，使他们产生与品牌的情感链接，这可以帮助品牌在消费者心中建立积极的情感印象。

（三）品牌价值观

主题营销强调传达品牌的价值观、使命和承诺。核心概念应该与品牌的核心价值相一致，以增强受众对品牌的认知度和信任感。核心概念还应与品牌的整体定位和风格一致，这有助于保证品牌的连贯性。

（四）创意和创新

主题营销在核心概念引导上鼓励创意和创新，通过有趣、独特的创意方式呈现主题能够引起受众的兴趣和好奇。核心概念的独特性能够使其与竞争对手区分开来。在激烈的市场竞争中，独特的核心概念有助于吸引更多注意力。

（五）记忆度

一个独特而引人注目的广告主题可以提高广告的记忆度，让受众更容易记住品牌和广告内容。主题核心概念可以着重塑造广告的调性和情感色彩，从而为品牌赋予特定的情感或形象。

【案例赏析】

中洲中央城邦地产项目在营销阶段根据策划目标，提出符合消费者需求的阶段性广告营销概念，主题为献给懂生活的主城人，让老石碣人感受新的主城，让主城人寻找家的方向，如图 2-17 所示。这一主题传达了品牌的独特性，推动了目标客户与商业项目之间的情感建立，取得了较好的预期营销效果。

图 2-17　阶段性营销概念

二、核心概念的创意文案

广告营销的核心概念创意文案是在广告活动中用于传达品牌核心信息、引发情感共鸣和吸引受众的文字内容。这些文案通常以简洁、有力的方式展现品牌的价值观、特点和优势，旨在在短时间内吸引受众的注意并引发兴趣。

（一）核心概念创意文案创作

提炼广告营销核心概念主题并撰写创意文案是一个关键的过程，它需要深入理解品牌、目标受众和广告的目的。以下是一些提炼主题并撰写广告创意文案的方法。

（1）确定核心概念：确定品牌的核心概念或主题，这是广告创意的基础。核心概念应该能够简洁明了地传达品牌的独特价值、情感链接或特点。使用品牌的历史、成就或客户故事来补充核心策略概念。

（2）确定目标受众：深入了解目标受众的需求、喜好和价值观。创意文案应该与目标受众产生共鸣，吸引他们的注意并引发情感共鸣。

（3）创造情感体验：设计文案时，考虑如何创造情感体验。情感在广告中起着重要作用，通过触发受众的情感，可以更好地吸引他们的关注。一个有吸引力的故事可以增加品牌的情感吸引力。

（4）使用有趣的比喻或隐喻：通过将品牌或产品与非常相似或引人入胜的比喻联系起来，可以增强广告的记忆度和影响力。

（5）保持简洁明了：创意文案应该简洁明了，用简短的词汇传达品牌的核心信息。避免过于复杂的用词或句子，以免让受众产生困惑。

（6）强调品牌价值：在文案中强调品牌的价值观、使命和独特性。受众应该能够清楚地理解为什么选择这个品牌，它对他们的生活有什么积极影响。

（7）选择广告媒介：不同的广告媒介可能需要不同的文案风格和长度。考虑到广告将在哪里发布，以寻求相应的媒介。

（8）创造独特性：设计与众不同的文案，创造独特性，让它在众多广告中脱颖而出。确定品牌的独特卖点，即区别于竞争对手的特点。将这些特点融入核心策略概念中，使广告能够突显品牌的独特之处。

（9）简单的呼吁行动：在文案中包含一个简单的呼吁行动，如“现在购买”“了解更多”等，以激发受众采取行动。

（10）多次修改和测试：撰写创意文案是一个创造性的过程，多次修改和测试是必不可少的。不断优化文案，以确保它能够达到预期的效果。

通过以上方法，可以更好地提炼出广告营销核心概念的主题，并撰写出富有创意、引人注目的广告文案，从而吸引受众的注意，传达品牌信息，并实现广告的效果。

【案例赏析】

项目文案的创意包括吸引目标受众、突出房产特点、传达价值和情感，以及清晰的呼唤行动等，如图 2-18、图 2-19 所示。

图 2-18　手机 App 营销文案

图 2-19　H5 营销文案

（二）核心概念案例

当一个优秀的核心概念与主题、价值观和定位紧密结合时，它可以在广告中传达品牌的独特性、情感共鸣和核心价值。以下是几个示例，说明优秀的核心概念如何体现主题、价值和定位。

1. 华为品牌的核心概念：构建万物互联的智能世界

主题：华为以“构建万物互联的智能世界”为宣传主题，强调其在通信技术领域的领先地位以及对未来智能社会的愿景。

价值定位：坚持创新驱动，致力于构建万物互联的智能世界，通过卓越的产品品质、开放合作的生态策略以及用户至上的服务理念，为全球用户提供智能、便捷、安全的通信与信息技术解决方案，同时积极承担社会责任，推动行业进步与社会发展。

2. 李宁品牌的核心概念：中华文化体验式价值

主题：李宁品牌以“中华文化体验式价值”为宣传主题，强调其产品不仅具有运动功能，更蕴含深厚的中华文化底蕴。

价值定位：融合东方美学与现代运动精神，以高品质的专业运动装备为载体，弘扬中国体育文化，倡导积极向上的生活方式，致力于成为全球领先的体育品牌，满足消费者对健康、时尚、个性化的需求。

3. 茅台酒品牌的核心概念：茅台镇千年韵，酒香传承品自华

主题：茅台酒品牌提出“顺天敬人，明理厚德”，这八个字凝聚了世代茅台工匠的酿造智慧和茅台人对卓越品质的执着付出以及处世的道德素养。

价值定位：作为超高端白酒的代表，茅台凭借其独特的酿造工艺、稀缺性和卓越品质，成功塑造了高端、尊贵的品牌形象，成为身份和地位的象征，同时，茅台也注重国际化战略，致力于将中国白酒之美传递给世界。

4. 元气森林品牌的核心概念：0 糖 0 脂 0 卡

主题：主打轻食、自然、健康理念，以“0 糖 0 脂 0 卡”为特色，致力于向年轻消费者提供好喝不胖的饮品选择。

价值定位：作为无糖饮料市场的领导者，元气森林以健康为核心，通过创新的产品研发和营销策略，满足年轻消费者对于健康、美味、时尚的需求，倡导积极向上的生活方式。

在这些例子中，优秀的核心概念与主题、价值、定位密切相关。这种紧密的结合有助于树立品牌形象，吸引受众，提高企业市场占有率。

三、核心概念与广告创意

核心概念与广告创意之间有密切的关系，它们共同构成了广告活动的重要组成部分，共同传达品牌的信息、情感和价值观。创意广告在广告主题核心概念营销中起着重要的作用，它可以加强、诠释和传达核心概念，从而增强品牌的影响力和受众的情感共鸣。核心概念与广告创意的关系如图 2-20 所示。

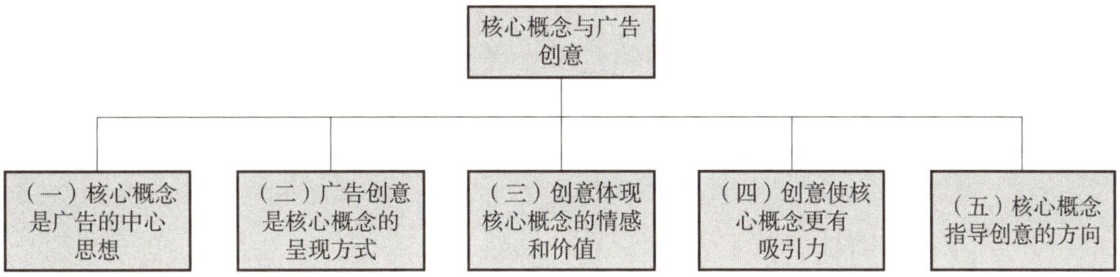

图 2-20　核心概念与广告创意的关系

（一）核心概念是广告的中心思想

核心概念是广告活动的核心思想或主题，是品牌想要传达的核心信息。它通常是一个简洁的短语、口号或情感表达，能够在受众心中留下深刻的印象。核心概念为广告提供了一个明确的方向，使创意围绕它展开。

（二）广告创意是核心概念的呈现方式

广告创意是核心概念在广告中的具体呈现方式，是将核心概念转化为视觉、文案、声音等元素的过程。创意团队根据核心概念，设计出独特、有吸引力的广告内容，以吸引目标受众的注意并引发情感共鸣。

（三）创意体现核心概念的情感和价值

优秀的广告创意能够通过视觉、声音、情感等方式，生动地体现核心概念所传达的情感和价值观。创意可以通过故事、符号、图像等手法，将核心概念融入广告中，让受众产生共鸣和链接。

（四）创意使核心概念更有吸引力

创意可以赋予核心概念更多的吸引力和创新性。通过创意的处理，核心概念可以以更有趣、有创意的方式呈现，从而更好地吸引受众的注意，提升广告的记忆度和影响力。

（五）核心概念指导创意的方向

核心概念为创意提供了指导和框架。创意团队可以根据核心概念，确定广告的视觉风格、情感表达等方面的元素，确保创意与核心概念一致。核心概念为创意文案提供了方向和焦点。创意文案应该围绕核心概念展开，并传达品牌的核心信息。

总之，核心概念和广告创意相辅相成，相互影响。核心概念为广告提供了方向和主题，而广告创意通过创新的方式将核心概念呈现给受众，从而实现品牌目标的传达和推广。

第四节 广告营销策划案

一、广告策划与市场营销

广告策划与市场营销是品牌推广和销售领域的两个重要组成部分，它们相互合作以实现品牌目标、提升市场份额和增加销售量。虽然它们在某些方面有重叠，但在实践中具有明确的区分和独特的职能。

广告策划是通过创意和传播手段，将品牌信息、核心价值和情感共鸣传达给目标受众的过程。它涉及制定广告活动的战略、创意概念、媒体选择和内容创作。广告策划的目标是吸引受众的注意、引发情感共鸣、增强品牌认知度，从而为品牌创造正面的形象。市场营销是综合性的战略及活动，旨在满足目标受众的需求，实现品牌的商业目标。市场营销涉及产品定位、定价、渠道选择、促销和销售策略等。其目标是建立品牌声誉、提高销售额、增加市场份额，并与受众建立长期关系。

（一）广告营销与市场营销之间的关系

广告策划与市场营销之间的协同作用是实现品牌目标的关键。广告策划通过创意传达核心信息和情感共鸣，激发受众的兴趣和注意力。市场营销则通过定位、渠道选择和促销活动，将产品或服务推向市场，吸引客户购买。广告策划通过创意传达核心信息，市场营销通过策略推动销售，两者相互协作，相互促进，共同实现品牌的成功。

1. 战略导向

广告策划和市场营销都从战略的角度出发，对市场进行分析，通过了解目标市场的特点、竞争对手、趋势和机会，为制定战略提供数据支持。市场营销战略是品牌在市场上定位和推广自身的长期计划，为品牌确定目标、定位、受众群体等，确保广告活动与整体市场营销战略一致。确定如何在目标市场中定位品牌，使其在竞争中脱颖而出，这可能涉及品牌的独特卖点、价值主张等。确定明确的目标，例如增加销售额、提高品牌知名度或扩大市场份额。确定最有潜力的受众群体，了解他们的需求、兴趣和行为，以便精准地定位营销活动。

2. 信息传递

确定广告要传达的信息，包括品牌价值、产品特点、优势等。选择适合的营销渠道，例如线上广告、社交媒体、传统媒体、活动参与等，以最大限度地触达目标受众。确定广告的传播方式，例如故事叙述、幽默、情感呼唤等，以吸引并保持受众的兴趣。广告是市场营销中的一个重要工具，它通过传递信息，引起受众兴趣，促使受众采取购买行动，从而支持市场营销具体步骤的实施。

3. 品牌塑造

在广告营销中确立品牌形象是一个重要的任务，它帮助消费者对品牌形成积极的认知。确定品牌的核心价值、使命、愿景和个性特点，这有助于建立起明确的品牌身份，以便在广告中传达一致的信息。广告策划有助于塑造品牌形象，而市场营销则将品牌形象传播给更广泛的受众，共同推动品牌在市场中的认知度和认可度。

以下是在广告营销中塑造品牌形象的策略建议。

（1）制定品牌故事：打造一个引人入胜的品牌故事，可以是品牌的发展历程、创始人的创业故事，或是体现品牌核心价值的情感故事。在讲述过程中，适当融入幽默元素和创意概念，以吸引受众并引发积极的情感反应。

（2）设计独特标识：创建一个独特的品牌标识，包括标志、标志颜色、字体等。这些元素将在广告中成为品牌的视觉代表。使用一致的颜色、字体和图像风格，以确保广告在视觉上与品牌形象保持一致，帮助受众识别，加深记忆。

（3）使用创新的图像和符号：使用创意和视觉元素来传达品牌形象，包括广告的故事情节、图像、音乐等。创建视觉深度和层次，通过前景、中景和背景元素来丰富画面。使用独特和令人印象深刻的图像、符号或图标，以激发受众的好奇心和兴趣。

（4）故事化广告：品牌故事化传播是增强影响力的有效方式。通过将品牌信息融入故事化的广告中，不仅能够提升受众参与度，还能强化品牌记忆。这种叙述方式能够唤起情感共鸣，促使受众与品牌建立更深层次的连接。同时，在社交媒体上积极互动，分享品牌文化、内幕故事和用户原创内容，可以进一步塑造品牌的亲和力与人格化形象。

（5）与受众互动：设计能够引导受众互动的视觉元素，例如二维码、可点击按钮等交互组件。采用多感官联觉设计手法，让视觉元素传递声音韵律或味觉联想。

【案例赏析】

以下是一场名为“光之引领——HOPERAY 潮游指南”的活动，由东莞各顶流品牌店集合参与探索集章活动，“HopeRay 仔”是此次活动的特别出行代言人。通过线上线下联合打造互动潮游打卡指南，激发东莞年轻人探索城市大街小巷的热情和希望之力。

在与委托方深入沟通后，设计方确定以打造高辨识度 IP 形象作为核心视觉策略，将拟人化设计贯穿整个活动视觉体系。相较于传媒行业常见的插画元素堆砌式设计，本项目创新性地从活动名称“HopeRay 潮游”中提取核心概念——“Ray”（光之引领）与“游”（悠游好逛），融合谐音“光”和“逛”，成功塑造出 IP 吉祥物“HopeRay 仔”。

该设计立足年轻化定位，以“超好逛”为传播核心，通过简约与国际化的造型语言，打造出兼具潮流感与亲和力的形象。这一案例填补了东莞地区在系统性 IP 设计和创新视觉表达方面的空白，为城市商业传播提供了新范式，如图 2-21 至图 2-24 所示。

图 2-21　IP 吉祥物 HopeRay 仔

图 2-22　宣传单设计

图 2-23　IP 吉祥物的延展应用 1

图 2-24　IP 吉祥物的延展应用 2

表 2-1 展示了市场营销战略和广告策划在不同方面的关系。

表 2-1　市场营销与广告策划的关系

项目	市场营销战略方面	广告策划方面
目标设定	定义品牌的长期目标和市场份额目标	将目标转化为创意，传达品牌核心信息
定位策略	确定品牌在市场上的定位和独特卖点	通过创意和信息传达定位和卖点
受众分析	确定最有潜力的受众群体，了解其需求和行为	根据受众特点选择创意和传播方式
营销渠道选择	选择合适的营销渠道，以触达目标受众	根据渠道特点选择广告媒体和传播方式
品牌传递	传达品牌的核心价值和使命	通过创意和信息传达品牌的核心价值
营销活动计划	制订促销、活动、内容营销等具体计划	将活动和内容融入广告创意和传播方式

（二）广告营销与市场营销之间的作用

在广告品牌市场中，市场销售是通过一系列策略和活动来推动的，旨在实现品牌目标、提升市场份额、增加销售量，以及与目标受众建立长期关系。以下是广告策划与市场营销之间的协同作用。

1. 品牌推广

广告策划与市场营销协同推进品牌建设：一方面通过系统化的传播策略提升品牌知名度与市场曝光度，精准触达潜在客群；另一方面借助完善的客户关系管理体系，通过及时响应咨询、优化服务体验等方式提升客户满意度与品牌忠诚度。

2. 目标受众定位

广告策划通过市场调研与受众分析，精准界定目标客群特征，包括消费行为模式、价格敏感度、产品偏好及竞品差异化需求等核心维度。基于此，市场营销部门可制定精准的营销策略，包括产品定位、价格体系、渠道布局等。

3. 价值传达

广告通过创意内容和精准文案传递品牌核心价值主张，呈现产品优势；市场营销则在不同渠道传播这些价值信息，持续强化品牌认知度与美誉度。基于消费者行为观察，可制定多种促销策略（如限时特惠、会员专享券、阶梯折扣等），有效刺激消费决策，驱动购买转化。

4. 销售推动

广告可以创造购买欲望，引导受众采取购买行动。市场营销则通过促销活动、销售渠道等手段将潜在客户转化为实际销量。

5. 反馈和优化

广告和市场营销都可以收集受众反馈和市场数据，用于优化广告内容、调整营销策略，实现持续改进。相关信息可用于销售团队培训，使其了解产品特点、竞争优势以及与客户互动的最佳实践经验。

综上所述，广告策划与市场营销紧密合作，相互促进，共同推动品牌的推广，扩大其市场影响力。广告策划为市场营销提供了有吸引力的创意和信息传递渠道，而市场营销则为广告提供了更广阔的推广平台和商业目标。它们共同促成了品牌在市场中的成功。

【案例赏析】

在设计公司为65年老字号明华食品打造的品牌升级方案中，团队深度挖掘品牌历史，系统梳理了65年发展历程中的品牌故事，不仅重构了视觉识别体系，更提炼出完整的品牌话语系统，建立了各产品线“和而不同”的视觉规范。通过塑造“明华叔”这一核心IP形象——以传统师傅骑着腊肠坐骑的创意表现，生动传递厚街美食文化，既保持文风统一又突显品牌内核，有效提升了品牌沟通效率与市场辨识度，强化了消费者亲近感，为后续品牌传播建立了统一的视觉与话语体系，成功激发消费者的购买欲望，如图 2–25 所示。

图 2–25　IP 形象应用设计

二、广告策划书的撰写

撰写广告策划书是为了详细阐述广告活动的计划、目标、策略和执行步骤，以便内部团队或客户了解和审批广告活动的方案。

（一）广告策划书的制作

制作一份高质量的广告策划书是一个复杂而细致的过程，它要求制作者进行充分的准备，以确保策划书内容清晰、条理明确且极具吸引力。以下是制作广告策划书的一般步骤和详细要点。

1. 明确目标

在开始制作广告策划书之前，首要任务是明确策划书的目标和受众。这包括确定策划书是为内部团队还是为客户制作，以及他们需要了解的具体内容。例如，如果是为客户制作，则需要重点介绍广告策略的市场定位、预期效果及预算分配；而如果是为内部团队制作，则需详细阐述广告创意的执行流程、团队协作分工等。明确目标有助于确保策划书的内容贴合受众需求，提高其实用性和针对性。

2. 收集信息

收集关于品牌、产品、目标受众、市场竞争等方面的详细信息是策划书制作的基础。这包括但不限于品牌历史、产品特点、目标受众的喜好与习惯、竞争对手的广告策略等。通过全面、深入地收集这些信息，可以为策划书的撰写提供有力的数据支持和事实依据，使策划方案更加科学、合理。

3. 制定大纲

制定一个清晰、合理的大纲对于策划书的撰写至关重要。大纲应包括不同章节的标题和内容概述，以确保策划书逻辑清晰、内容扎实。例如，大纲可以包括市场背景分析、广告目标设定、受众定位、创意策略、媒体选择、预算分配、执行计划等章节。每个章节可进一步细分为更具体的子标题和内容要点，以便撰写时有的放矢。

4. 编写内容

根据大纲编写各个章节的内容时，要确保文字简洁明了、表达清晰。避免使用复杂的行业术语和晦涩难懂的表述方式，以便受众能够快速理解策划书的意图和内容。同时，要注重内容的逻辑性和连贯性，确保各个章节之间相辅相成，共同构成一个完整的广告策划方案。

5. 插入图表和图片

在策划书中适当插入图表、图片和图像等视觉元素，更有效地支持文本内容。图表可以更直观地展示数据和分析结果，帮助受众快速理解策划书中的关键信息；图片则可以增加策划书的视觉吸引力，使内容更加生动有趣。在选择图表和图片时，要注重其质量和与内容的关联性，确保它们能够准确地传达策划书的意图和信息。

6. 设计布局

策划书的设计布局也是影响其吸引力的重要因素之一。选择适当的字体、颜色和排版方式，能提升策划书的专业性。同时，要保持一致的设计风格，以确保整体统一性。在设计布局时，要注重页面的美观性和易读性，避免过于拥挤或过于空旷的页面布局。

7. 创意表达

使用创意和创新的方式来表达策划书的内容，以提升策划书的吸引力。例如，使用引人注目的标题来吸引读者的注意力；引用名人名言或行业权威观点来增强策划书的说服力；通过讲述一个与广告主题相关的故事来激发读者的共鸣。这些创意表达方式可以使策划书更加生动有趣、引人入胜。

8. 附上附件

根据需要，附上相关的附件可以进一步支持策划书的文本内容。这些附件可能包括广告样本、市场数据报告、创意草图、媒体合作意向书等。附上这些附件可以使策划书更加完整、全面，为受众提供更多的背景信息和参考依据。同时，也有助于增强策划书的可信度和说服力。

9. 校对和修改

在完成初稿后，进行仔细的校对和修改是确保策划书质量的关键步骤。要仔细检查拼写、语法、格式等方面是否存在错误或遗漏，并进行必要的修正和改进。同时，还要关注内容的逻辑性和连贯性，以及是否存在冗余或重复的表述方式。通过细致的校对和修改工作，可以确保策划书的内容准确无误、表达清晰流畅。

10. 审核和反馈

将制作好的策划书交给相关人员进行审核并收集反馈是策划书制作的最后一步。这些相关人员可能包括项目经理、创意总监、客户代表等。他们会对策划书的内容、布局、创意等方面进行评估并提出修改建议。根据这些反馈进行必要的调整和修订，确定最终版本并准备实施。审核和反馈环节有助于使策划书更加符合实际需求和市场趋势，提高其实施效果和成功几率。

总之，制作广告策划书是一个系统而细致的过程，涉及明确目标受众与内容需求、广泛收集相关信息、精心构建大纲结构、清晰编写内容并辅以直观的图表和吸引人的图片、注重设计布局的专业与统一、运用创意表达提升吸引力、附上相关附件以支持内容、细致校对修改确保无误，以及通过审核反馈不断完善，最终形成一个逻辑清晰、内容全面、视觉吸引且符合实际需求的高质量策划方案。

（二）广告策划书的语言创意

广告策划书的语言创意是吸引受众、传达信息以及塑造品牌形象的关键要素之一。它需要在短时间内吸引受众的注意力，并通过创意性的表达方式给人留下深刻的印象。

1. 简洁明了

广告语言应该简洁明了，用尽量少的文字传递核心信息。短小的句子或短语更容易被人记住，同时也能够在有限的时间内传达关键信息。广告语言应与品牌的整体风格和定位相呼应。无论是正式、轻松还是诙谐，语言创意都应与品牌形象保持一致。

2. 生动形象

利用生动的比喻、形象的描绘和情感的激发，让受众能够更直观地感受到产品或品牌的特点和价值。使用吸睛的标题或引语，激发受众的好奇心，使其想要了解更多关于产品或品牌的信息。

3. 幽默风趣

幽默和风趣的表达方式能够吸引受众的注意力，并使广告易于记忆。但幽默要适度，不应该让受众感到困惑或反感。利用形容词和动词可以调动读者的多感官体验，让他们能够在脑海中形成更为生动的画面。

4. 情感共鸣

情感是影响消费决策的重要因素之一。创造能够触发情感共鸣的句子，使受众在看到广告时能够与广告内容产生情感联系。使用音韵和节奏感强的句子，可以增强语言的流畅性和吸引力，且韵律感强的文字更容易在人们的记忆中留下痕迹。

5. 独特性

寻找独特的方式来表达信息，与其他广告不同的表达方式能够更好地在竞争激烈的市场中脱颖而出。广告语言应当紧密围绕产品或品牌的核心价值进行展开，清晰地传达出产品特点。

总之，广告策划书的语言创意应当简洁、生动、独特、引发情感共鸣，以吸引受众并留下深刻的印象，同时有效地传达品牌和产品的价值。

三、广告活动策划与创意

广告活动策划涵盖了活动的整体规划和目标设定，而创意则负责通过独特的思想和创造性的内容来吸引受众，实现广告活动的目标。两者密切相关，共同确保广告活动的有效执行和目标达成。

（一）促销活动

促销活动是一种常用的市场营销手段，旨在通过特定的策略和措施，促使消费者采取购买行动，增加销售量，提高品牌知名度，以及促进市场份额的增长。促销活动可以采用多种形式和方法，根据不同的目标和受众来进行设计和执行。

促销活动的效果取决于执行方式、目标受众和市场环境。然而，需要注意的是，过于频繁或过度依赖促销活动可能会削弱产品或品牌的价值感知。因此，在设计和执行促销活动时，需要权衡各种因素，确保活动能够对品牌和业务产生长期正向影响。

（二）公关活动

公关活动是组织和管理与公众、媒体、利益相关者等主体之间的沟通与互动，旨在建立和维护组织的声誉、形象和关系的一系列策划和执行活动。公关活动有助于在社会中传递积极信息、增强品牌认知、塑造组织形象，以及促进与外部各方的有效沟通。参与社会公益事业有助于展现企业社会责任，提升品牌形象，如组织环保活动、慈善捐赠等。

（三）赞助活动

在广告领域，赞助活动是一种常见的品牌推广手段，通过支持或参与特定活动、项目来增强品牌的曝光度、知名度，树立品牌形象。赞助活动涉及多个领域，如体育、文化、艺术、社会公益等品牌可根据赞助内容和目标受众来选择合适的活动。例如，运动品牌赞助奥运会、足球世界杯等大型体育赛事，环保品牌赞助环保活动，参与慈善事业，科技公司赞助科技展览、展示最新产品等。

（四）事件营销

事件营销是一种以举办、参与或赞助活动来推广品牌、产品或服务的市场营销策略。品牌可以开展类似的主题活动创意，设计一个独特而引人注目的主题，使其贯穿整个活动的方方面面。例如，汽车品牌可以举办“未来科技之夜”主题活动，展示汽车科技的创新之处。品牌也可以在活动中打造触动人心的故事情节和活动体验，使参与者能够与品牌产生情感共鸣。创意在事件营销中是创造差异化和吸引力的关键因素，它能够帮助品牌在活动中脱颖而出，与受众建立情感联系，并在市场中形成独特的品牌记忆点。

（五）体验营销

体验营销是一种通过创造独特、参与性强的体验来吸引受众，增强品牌认知和情感共鸣的市场营销策略。以下是一些体验营销的创意示例，可以帮助品牌创造令人惊艳的活动体验，吸引目标受众的注意。

1. 沉浸式体验

在设计中融入虚拟现实（VR）或增强现实（AR）元素，让参与者身临其境地感受品牌或产品。例如，旅游公司可以利用虚拟现实技术为参与者提供目的地旅行体验。

2. 品牌互动游戏

设计与品牌或产品相关的创意互动游戏，鼓励参与者积极参与并体验品牌价值。例如，食品品牌可以设置品尝挑战游戏，让参与者品尝并猜测食材。

3. 主题派对

举办主题派对或相关活动，在活动中将品牌的核心信息与受众的兴趣相结合。例如，健康品牌可以结合品牌健康理念，举办健身主题派对。

4. 音乐、艺术和文化体验

在音乐、艺术或文化领域或展开合作，通过艺术体验深化品牌价值。例如，与音乐家合作举办音乐会，将品牌与音乐文化联系起来。

5. 环保或社会责任体验

设计一个与环保或社会责任相关的体验活动，强调品牌的社会价值。例如，环保品牌可以举办植树活动，让参与者亲身参与环保行动。

富有创意的体验营销活动可以给受众留下深刻的印象，加强品牌与消费者之间的情感联系，并提升品牌在市场中的竞争力。通过创新的体验设计和互动方式，品牌可以在受众心目中建立积极的品牌认知和形象。

四、广告创意与时效性

广告创意与时效性密切相关，有效地结合二者可以增强广告的效果和影响力。时效性是指广告创意在特定的时间段内具有引起关注和共鸣的能力，与当前的事件、趋势或社会背景紧密相连。

（一）引发关注

时效性广告创意与当下热点话题相关，能够迅速吸引受众的注意力。例如，在一场重要的体育比赛期间推出与比赛相关的广告，可以引发体育爱好者的兴趣。

（二）增加共鸣

时效性广告创意可以与受众当前的情感和心态产生共鸣，使广告更易于被接受和理解。例如，在特定的假期或季节，推出与节日氛围相符的广告创意，能够引发消费者的情感共鸣。

（三）创造紧迫感

时效性广告创意常常带有一种紧迫感，促使受众在短时间内采取行动。例如，限时优惠促销的广告，强调只在特定时间内有效，可以促使消费者更快地做出购买决策。

（四）社会话题

关联时下的社会话题可以增加广告创意的社会影响力。例如，针对社会热点事件或议题，创作广告以传递品牌的立场和价值观。

（五）创造独特性

时效性广告创意在特定时间内是独特的，能够使品牌在竞争激烈的市场中脱颖而出。例如，根据特定的节日或庆典，创作独特的广告内容。

然而，需要注意的是，时效性广告创意也可能带来一些挑战，如时间限制和信息准确性。过于追求时效性而牺牲了广告的质量和信息准确性可能会适得其反。因此，在结合广告创意与时效性时，要确保创意依然符合品牌价值和信息传递，并在适当的时间窗口内发布。

综合而言，创意与时效性的结合可以使广告更具吸引力和影响力，但需要平衡好创意的质量、信息传递和受众反应，以确保广告在特定时间段内取得最佳效果。

【广告营销策划 企业案例】

【广告营销策划——获奖作品】

课内实践

一、头脑风暴图训练

要求：请在“大广赛”或“学院奖”的官网选题中选择企业品牌，提炼出营销策略的核心概念，绘制符合品牌核心价值观的思维导图。以 3 ~ 5 人为小组，通过市场调研，明确营销目标，分析消费者行为，制定产品策略并提出相关问题。通过手绘或电脑绘制的形式，制作与选择的命题相关联的思维导图，可参考中国大学生广告艺术节学院奖的广告策划案获奖案例作品，如图 2–26 所示。

二、策划营销大纲

要求：根据既定的企业品牌命题，用 PPT 的形式设计一个具体的品牌营销策略方案，内容包括市场分析、主题阐述、核心概念、线上和线下的营销活动、创意设计等几个方面的思路大纲。可参考创意星球“学院奖”营销策划获奖案例作品，如图 2–27 所示。

三、你问我答

（1）你是如何获得创意灵感的？有哪些方法可以帮助你在广告策划中寻找灵感？

（2）如何利用故事叙述来增强广告的吸引力？你认为一个引人入胜的故事对于广告的效果有何影响？

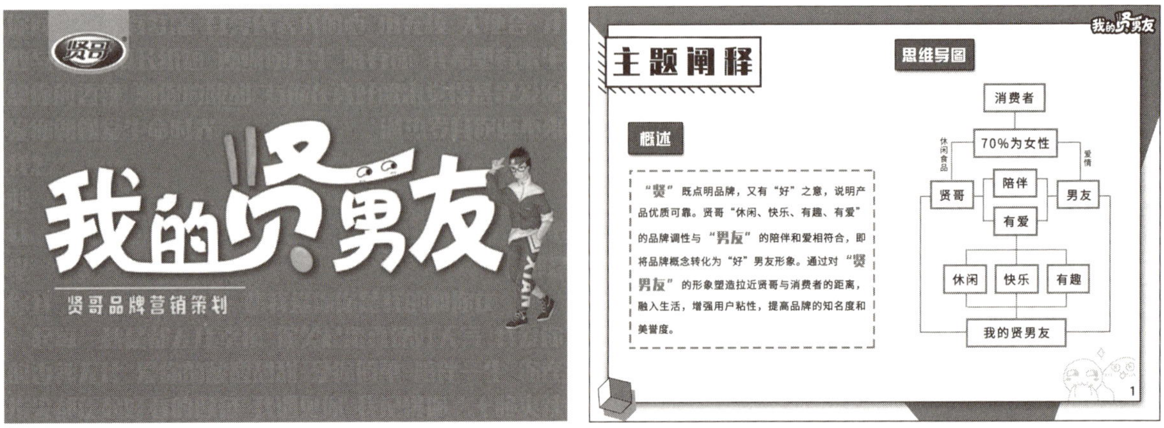

图 2–26　贤哥品牌营销策划——我的贤男友

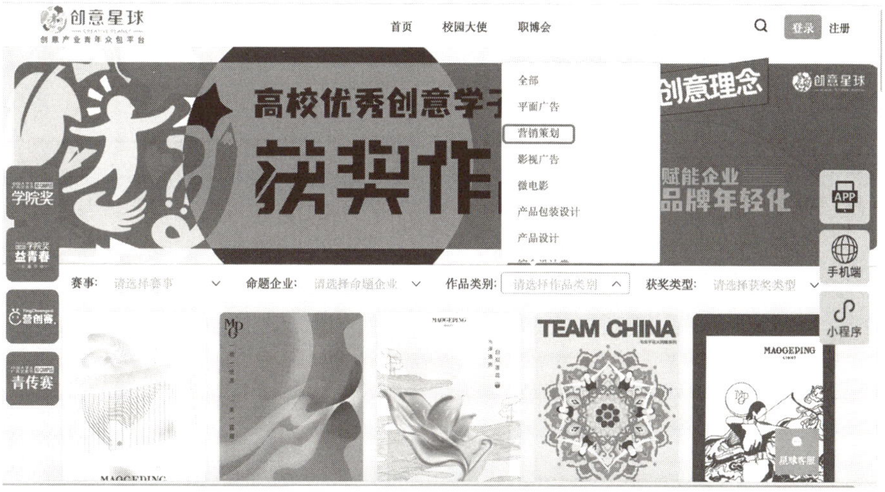

图 2-27 中国大学生广告艺术节学院奖

课外拓展

（1）选择一个普通的日常产品，例如牙膏、水杯或笔记本电脑，写一个短小精悍的广告文案，吸引人们关注它的独特之处，可参照图 2-28 进行编写。

（2）选择一个已有品牌，思考如何通过创意性广告活动来提升其品牌形象或品牌定位。举例介绍一则成功的情感营销广告，并说明它是如何与受众建立情感联系的。

图 2-28 牙膏和水杯

章节笔记

章节笔记

第三章

广告文案的创作——好点子

Creatoon of Advertising Copy—Good Ideas

第一节 广告文案的内容

一、广告文案的概述

（一）广告文案的定义

广告文案（Advertising Copy）是什么？文案是广告的核心组成部分，对广告作品有着重要影响。学术界对于广告文案有多种定义，一般来说分为广义与狭义的定义。广义的广告文案泛指与广告作品相关的全部内容，如广告中的色彩、构图、文字、语言，以及受众接触作品时的所看、所听、所感等。狭义的广告文案指广告作品中的语言文字部分。通常人们所说的广告文案更倾向于狭义的定义。

（二）广告文案的特性

广告文案的写作需要撰稿人具备基本的写作基础，将“故事”讲清楚。除此之外，广告文案作为应用型写作，需要符合市场要求，能使消费者清楚了解文案内容，并说服消费者进行消费。

1. 理性的科学调查

在广告文案的写作前期需要进行充分的科学调查，为撰写广告文案提供参考方向。成功的广告文案作品往往经过了充分的科学调查，这对目标的确定、活动策划、创意表现以及后续问题鉴定与处理起着重要作用，能针对性地指导团队创作，避免人力成本和物力成本的浪费。一般来说，科学调查需要具备理性思维，针对市场与用户进行调查、分析与评估，同时也需要对新技术进行了解和合理运用。

2. 产品信息的准确传递

广告是为出资方服务的，因此广告必须清楚阐述出资方的产品是什么，准确向消费者传递产品信息，并吸引消费者消费。市场调查人员以及品牌方会将他们所获得的信息全部整理出来，特别是品牌方会提供产品的优点、缺点等各类信息，将产品信息完整展示给消费者。策划人会对大量的信息进行筛选，文案撰写人则需要对筛选后的信息进行再次整理和提炼，过量或繁杂的信息展示只会让消费者感到无趣或厌烦。

广告文案需要对产品信息进行精准的传递，文案撰写人可以提取描述产品细节的信息，突出产品的优势，引起消费者的兴趣。同时文案需要阐明产品给消费者带来的益处，满足消费者对产品的需求，这往往更容易打动消费者。

【案例赏析】

滴滴出行在广告文案中，挖掘了消费者在打车时定位不好选的痛点。在合适的媒介上出现恰巧能解决痛点的文案，满足了消费者当下对产品的需求，如图 3-1 所示。

图 3-1　滴滴出行广告文案

3. 艺术性的创意表达

优秀的广告文案除了真情实意的表达之外，还需要具备一定的艺术性。广告文案是理性与感性的结合，在理性的调查之上，用艺术化的手法使文案“活”起来，可以增强广告文案的感染力。但创意必须建立在真实的基础上，以创造性的表达说服消费者。

【案例赏析】

在商品大促时消费者往往会控制不住购买欲望，小红书基于此背景制作了系列“反骨”海报文案，用有趣且有力的文案劝导消费者理性消费，如图 3-2 所示。

图 3-2　小红书广告文案

（三）广告文案的目的

广告文案服务于广告目标，在撰写广告文案之前必须先明确广告目标。一方面，广告文案需符合企业定位，为企业树立良好形象，体现企业自身特色，提升消费者对品牌的认同度。另一方面，广告文案作为产品宣传的工具，应当能够准确高效传达产品核心信息，解答消费者对产品的疑惑并吸引目标群体购买产品。

二、广告文案的发展历程

在我国，广告文案最早可追溯到商朝，人们开始用汉字进行广而告之。随着汉字的不断发展，古人开始将文字运用于各种载体上进行广告宣传，如诗歌、墓志铭、小说、人物传记中均体现出古人对广告文案的运用。例如唐代白居易在《忆江南》中写到："江南好，风景旧曾谙。日出江花红胜火，春来江水绿如蓝。能不忆江南？"作者在诗中以赞颂之意描述了江南美景，一幅生动的江南风景画就映入了读者的眼帘中，也勾起了读者对江南美景的向往，这样的文案无意中给江南风景做了一个广告宣传。

在国外，"广告文案"一词源于英文"Advertising Copy"。17 世纪，英国出现了广告代理商；19 世纪，现代广告公司先驱，艾耶父子广告公司成立；20 世纪初，第一份付费广告在美国报纸《波士顿新闻信札》上刊登；20 世纪中期，随着广播电视媒体的出现，广告文案有了新的传播途径，广播电视媒体成为广告宣传的重要载体；20 世纪末，互联网快速普及，凭借其高效传播和海量承载的技术特性为广告文案的表现形式提供了新思路。

三、广告文案的组成

（一）广告标题

广告文案的标题相当于一篇文章的标题，一般写在广告文案的最前面，是整个广告的"旗帜"。但是并非所有的广告都需要标题，有些广告文案直接反映广告的主题内容，发挥标语的作用，如"小鸣单车，随行所遇"。广告标题的类型没有特别的规定，一般来说有以下几种类型。

1. 称赞式标题

称赞式标题的写作特点是在标题上直接夸赞服务、产品或品牌的相关功能或特点，让消费者能够直观了解广告中提到的信息和优点。例如"赞叹不已从第一口喝到最后一口""假如你只对最好感兴趣，那就去找'本大叔'吧！"等。

2. 承诺式标题

承诺式标题中会出现给消费者许诺某种利益的词汇，也称为给利益式标题。例如“万亩林，千斤茶”，突出了产品的稀缺性，体现了企业的核心价值；2018 年华帝广告文案“法国队夺冠，华帝退全款”借助当时法国队获得世界杯冠军的热点新闻，成功实现了销售数据、品牌口碑的双增长。

3. 问答式标题

问答式标题采用问答的形式来吸引消费者的注意，是较为常见的一种广告标题形式。例如“饿了吗？来根士力架”等。

4. 修辞式标题

修辞式标题运用各种修辞手法来表述信息内容，例如，比喻手法标题——“没熟的香蕉就像项目，放一放，就黄了”；夸张手法标题——“从此盛世美颜，无需十级美颜”等。

以上标题类型的特点及其表达效果各不相同，除此以外还有诗歌式、否定式等多种标题类型。文案撰写人需要根据广告主题以及想要的表达效果进行合理的类型选择。

（二）广告文案正文

广告文案正文是对广告标题的延展，对广告内容进行详细的解释说明。广告正文的撰写需要具备较好的语言文字功底和写作基础，同时也要求撰写人具备良好的思想道德品质与优秀的文化素养。

广告文案正文一般由开头、中间和结尾三部分组成。正文开头要将消费者的注意由标题引向中间段，所以开头应当具备足够的吸引力。正文中间段对信息内容进行客观的阐述，但需要确保能够让消费者产生购买的欲望。正文结尾可以采用号召或刺激的方法，促使消费者产生购买的行动。

正文的写作可以依附不同的体裁，常见的体裁类别有说明体、自述体、新闻体、戏曲体、诗歌体等，不同体裁的写作方法不同。在整体上正文写作可以采用各种修辞手法，这也是常用的写作手法。另外还可以使用人称变换、聚焦法等写作手法。

【案例赏析】

锤子坚果手机为了突出手机性能强大且颜值出众的卖点，在文案开头使用“漂亮得不像实力派”吸引消费者注意，在文案中间部分列举几位名人事迹，并在结尾部分号召消费者购买。这一品牌传播活动在社交媒体上引发大量消费者参与，取得了巨大成功，如图 3-3 所示。

图 3-3　手机广告文案

（三）广告口号

广告口号（Slogan）又称广告标语、广告语，是对商品特征、企业理念进行浓缩和提炼后形式简短的商业用语。优秀的广告口号承载内容丰富、形式简短、朗朗上口，能促使消费者主动传播。广告口号还能吸引消费者购买商品，树立良好的企业或品牌形象。

广告口号是文案的重要组成部分，具有句式简短、内涵丰富的特点。例如，小米的“小米，为发烧而生”、苹果的“Think different（非同凡想）”、鸿星尔克的“TO BE NO.1（迈向第一）”、安踏的“安踏，永不止步”等，这些广告口号虽然简短，但却精准地表达出了企业的理念。

（四）广告随文

广告随文又称广告附文，主要内容包含企业或品牌名称、标志、联系方式、地址、购买渠道、权威机构认证标志、特殊说明等。随文可以进一步推动消费者购买，随文中的购买渠道、联系方式都可以帮助消费者购买商品。

随文的内容基本不会发生改变，可在企业或品牌的系列广告中重复使用。随文的字号是整个文案中最小的，但它非常重要，因为消费者需要通过随文识别企业或品牌的标志、名称、地址等信息。

【案例赏析】

在万科广告海报中，随文被放置在底部，消费者可根据随文中的购买渠道对商品做进一步了解，如图 3-4 所示。

图 3-4　万科广告海报

第二节　广告文案的写作

一、广告文案写作的原则

（一）产生效益

广告是以营利为目的的经济活动，广告的结果需要产生一定的效益，这是广告的独特之处。广告内容能否获取消费者的信任，能否吸引消费者购买决定了广告能否产生效益。优秀的广告文案可以给消费者带来真实的情感体验，引起消费者共鸣，这类广告还能让消费者信服，精准满足消费者的需求，进而促使其产生消费购买意识和行为。

（二）叙述真实

广告文案的写作应秉承内容叙述真实的原则，这不仅是对企业或品牌的形象维护，对消费者的尊重，也是广告文案撰写人职业道德的体现。文案撰写人在文案写作时，应该保证文案信息真实可靠，客观地对企业或品牌相关产品或服务的功能、特点、效果等进行宣传描述，切忌弄虚作假。《中华人民共和国广告法》规定，“广告以虚假或者引人误解的内容欺骗、误导消费者的，构成虚假广告”。广告文案撰写人在写作中，应恪守职业道德，坚持写作内容的真实性，做到不误导、欺瞒消费者，真正服务于社会。

（三）自主原创

原创性又称独创性，广告文案需要有特点才能在竞争对手中脱颖而出。优秀的广告不乏独特的创意，能很好地突出商品的特性，显示出不同于竞品的销售重点。

广告文案应具有区别于竞品的独特内容信息。内容上可以对商品中区别于竞品的价值、利益、生产背景以及产品的特点进行描述。例如奥利奥饼干品牌的广告语“扭一扭、舔一舔、泡一泡”突出了奥利奥饼干独有的吃法，给消费者留下了深刻印象。

【案例赏析】

“除了等，其他自然发生”，Grid Coffee 这句调性悠然闲适的广告语简洁明了，易于记忆。在竞争激烈的咖啡市场中，这句广告语有助于形成品牌差异化。它没有直接强调咖啡的口味、价格等常见卖点，而是另辟蹊径，强调消费体验和品牌所倡导的生活方式。这种独特的定位能够使其在众多咖啡品牌中脱颖而出，吸引到特定的消费群体，从而在市场中占据一席之地，如图 3-5 所示。

图 3-5　Grid Coffee 广告海报

二、广告文案写作的表述

（一）广告文案写作的语言规范

语言是一门艺术，同时也是人们相互交流、传达信息的重要工具。语言文字是广告中不可缺少的一部分，它能将内容信息的传达效率最大化，是最有效的传播方式。但广告文案写作中的语言规范往往容易被忽略，在文案写作过程中，文案撰写人通常更为关注文案的创意性或艺术性，从而忽略了语言规范在文案中的重要性。在广告文案的写作中，应该注意避免错别字、标点符号正确、用词恰当和语法无误。

（二）广告文案写作的修辞手法

修辞手法在广告文案写作中广为运用，合理运用修辞手法能增强广告文案的生动性与形象性。但无论运用何种修辞手法，都应紧扣广告主题，同时也应注意避免修饰过度而损伤了内容的真实性。

1. 比喻

比喻通过找到两个事物的相似点或共同点，用熟悉、易懂的事物来说明陌生、难懂的事物，从而达到生动形象、易于理解的效果。例如，“日子像阳光下的水面，闪闪烁烁的，都是这种三毛、七折、两块八的小开心”；“像母亲手一样柔软的儿童鞋”，将儿童鞋比作母亲的双手，鞋子的触感犹如母亲双手般柔软，形象生动地描绘了这款儿童鞋带给儿童舒适的肌肤体验。

【案例赏析】

中国银联“诗歌 POS 机”是中国银联发起的一项公益行动，通过诗歌的形式，让山区孩子的才华被看见，同时为他们筹集善款，支持他们接受更良好的文化艺术教育。2020 年，张家界打造了“诗歌长河”大地艺术装置，在张家界武陵源山顶峭壁上悬挂长百米、宽 1.3 米印有古诗名句和山区儿童创作诗句的长幅，并将其比作“诗歌瀑布”。这一形象的比喻突出了诗歌长幅的长度及垂挂的形态，如同瀑布般从高处倾泻而下，让诗歌的展示形式更具视觉冲击力和想象力，也让人们感受到诗歌如水流般源源不断、生生不息的中华文化魅力，再现了李白诗中“疑是银河落九天”的意境，如图 3-6 所示。

图 3-6 “诗歌 POS 机”公益行动

2. 夸张

夸张是对所描述的事物进行夸大或缩小描述，吸引消费者注意，让消费者更直观地理解事物本质和特征。“装得下，世界就是你的”“随时随地，脉动回来”，这些品牌通过夸张的手法使消费者的记忆更加深刻。

【案例赏析】

案例 1：美团优选“省钱这件事，没拖过后腿”系列海报以蔬菜、鱼肉等食材为创意灵感，采用夸张文案表现创意，突出美团优选商品价格实惠、性价比高的特点，如图 3-7 所示。

图 3-7 美团优选广告文案

案例 2：RIO 将“抽象文学”与产品卖点紧密结合，以一种独特的方式吸引消费者的注意力，不断传递产品“好喝到无法形容”的卖点，强化受众认知。RIO 官微发布预告称 RIO 即将“登报”，引发网友猜测。在正式登报海报中称，“对不起！！好喝到无法形容，只能玩抽象了”，强调 RIO 清爽鸡尾酒系列产品有多好喝。用一种夸张且略带调侃的方式，强调了酒的好喝程度。“再好喝的酒也甜不进你的心”则从另一个角度出发，以一种看似无奈的表达，表现酒的好喝却又难以完全满足内心，进一步强化了“好喝到无法形容”的卖点，如图 3–8 所示。

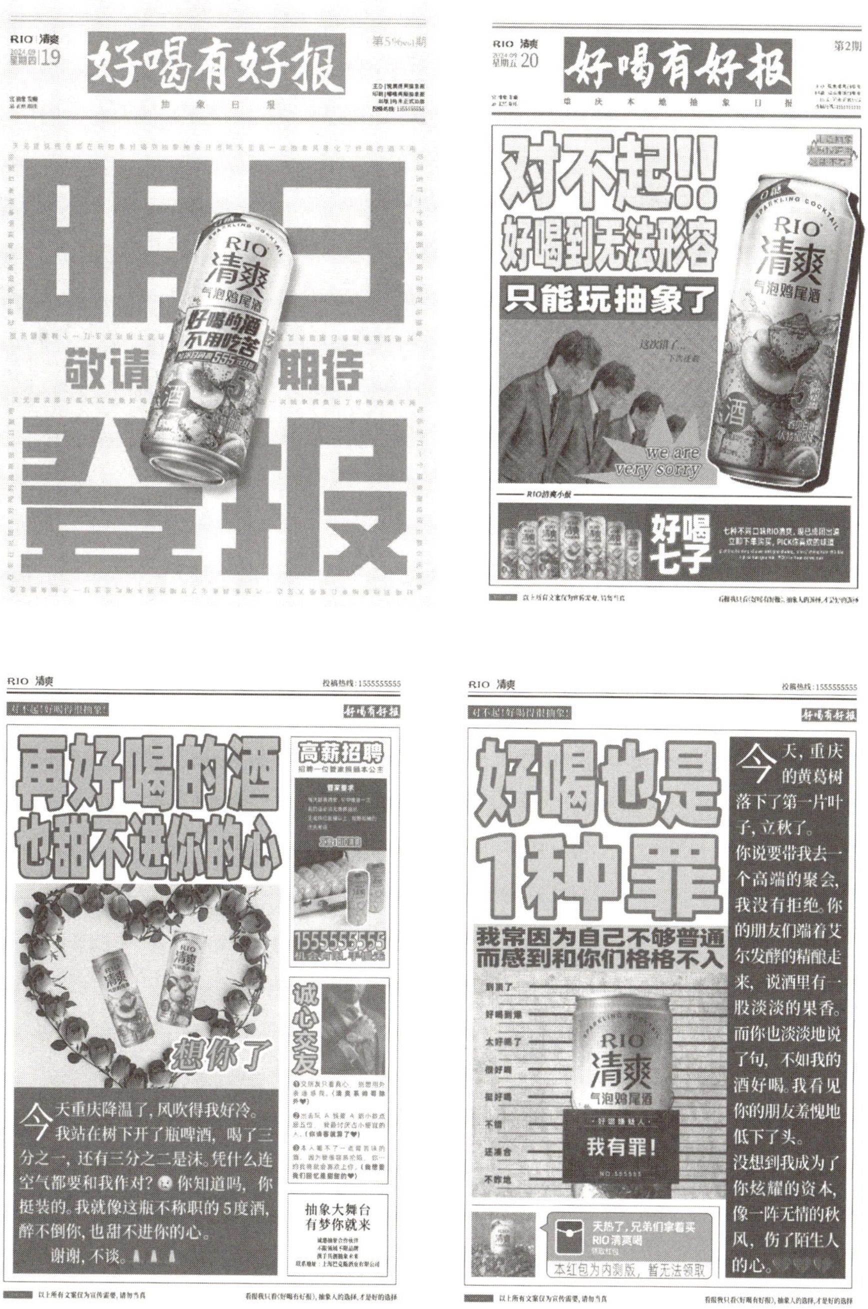

图 3–8　RIO“好喝有好报”系列产品海报

3. 双关

双关是指用同音或同义的文字表达两种不同的意义。在特定的语言场景中，使用双关往往可以一箭双雕，既可以表达文字的表面意义又能让受众理解到更深刻的寓意。一般来说，文案撰写人常用的双关语有语义双关和谐音双关。语义双关是指同一词具有两种不同表达意义。

【案例赏析】

案例 1：一家广告公司借搬家进行广告宣传，以“我们又开始装了”为主题，“装”既表示搬家装东西，也表示其中蕴含的人生态度，如图 3–9 所示。

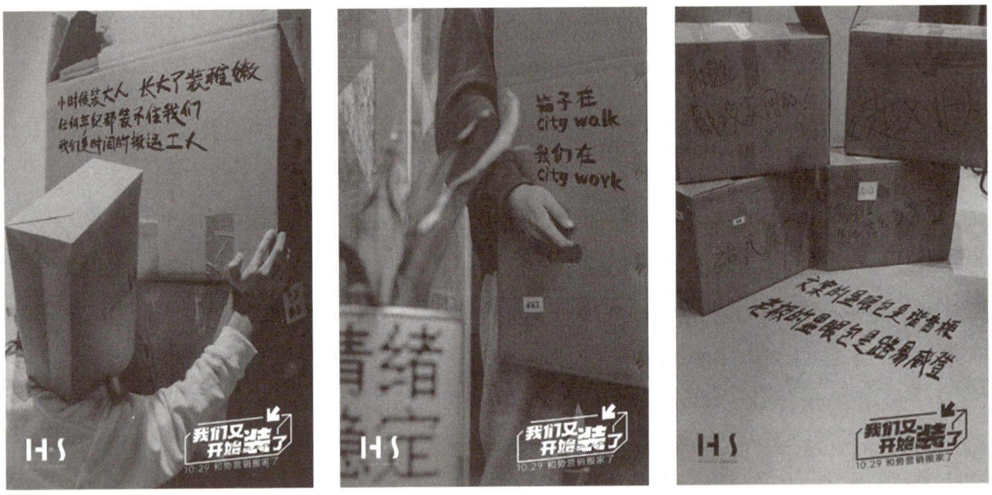

图 3–9　搬家公司广告文案

案例 2：谐音双关是指利用读音相同或相近的词进行两种意义的表达，至本的广告文案“真的，会卸”，“卸”既表达了产品特性，又玩出了“卸”与“谢”的谐音梗，如图 3–10 所示。

图 3–10　至本广告文案

4. 排比

排比是指将三个及以上的结构、意义相同或相近的句子排列在一起，展现出强大的气势。广告文案运用排比手法能使句子形式更整齐，给消费者带来强烈的视觉与听觉感受，同时也能更加全面地描述商品各方面的特性。

【案例赏析】

东莞铂瑞广场的先导片广告文案为“我不在舞台上，也不在观众席。我的位置，在我自己的空间里。趁年轻，去偏执、去放肆、去主宰、敢甩手、去拥有”，如图 3-11 所示。

图 3-11　铂瑞广场广告文案

5. 引用

引用是指在文案撰写时引用成语、诗词、典故等进行写作意义表达，使用引用手法能使文案更加生动，内容更加通俗易懂。例如，开锁广告“一夫当关，万夫莫开”、空调广告“春来江水绿如兰”、牙刷广告“三毛牙刷，一毛不拔”、冰箱广告“众里寻他千百度，想要几度就几度”等。

6. 对比

对比是将两种不同的事物或同一事物的不同面进行比对说明，对比的作用在于突出事物间的不同面，使事物的特征更明显、更突出。例如，冰箱广告“千军易得，一将难求”、央视公益广告“门外世界、门里是家”、餐饮广告“外面星级米其林多美味，也不如家里一碗莲子汤”等。

7. 设问

设问是指故意提出问题引发消费者思考，或是自问自答引起消费者兴趣。在使用设问的修辞手法时，站在消费者的角度提出问题更能引起共鸣。例如，“挖掘机技术哪家强？中国山东找蓝翔”“人类失去联想，世界将会怎样？”“让我脸红的，究竟是你，还是酒呢？”等。

（三）广告文案写作的叙事

1. 叙事人称

广告文案的叙事人称选择决定了广告以何种话语态度与消费者交流，这直接影响了消费者的阅读体验。叙述人称分为第一人称、第二人称和第三人称。

第一人称视角一般用“我”“我们”代称，容易让消费者产生代入感，引起共鸣。

第二人称视角常用“你”“您”“你们”代称，这能带给消费者一种相互交流的体验。一般来说广告文案中更倾向于用单数“你”和“您”，而不用复数“你们”，使用单数人称更能拉近与消费者的距离。如江小白广告语“你在乎了很多事，却有人只对你更上心”。

第三人称视角用“他”“她”“它”“他们”“她们”“它们”代称，这种方式的叙述空间较大，但与消费者的距离较远。在写作时使用第三人称时结合情感描述，可以拉近与消费者的距离。如菜鸟驿站联合单向空间的公益活动“她不应该只和蝉鸣与野花作伴，她还可以找到《夜莺与玫瑰》”，这里用第三人称的视角描述了大凉山儿童对知识的渴望，鼓励人们捐送书籍，帮助他们“翻书越岭”。

2. 诉求方式

广告文案的诉求分为感性诉求与理性诉求。

感性诉求注重人的情感体验，现代社会人们越来越追求精神上的充实，因此在广告文案中加入人的情感更能打动消费者。常见的感性诉求有亲情、爱情、友情与爱国情等，无论采用哪种情感诉求，都必须以真情为基础，只有真情流露才能打动人心。如短视频宣传广告文案“吃厌了千篇一律的外卖，社区老妈食堂，南北通吃，是妈妈爱的味道。那一刻，我想家了”。

理性诉求主要阐述事实，对商品信息进行准确、精炼地阐述。广告文案的理性诉求可以通过最直接的陈述传达，同时可以提供商品相关数据或图表。在传达商品特性时，还可以通过功能演示或答疑来进行一定的解释说明。

三、广告文案写作的分类

（一）媒体类广告文案写作

广告文案的重要传播渠道之一就是媒体传播，文案撰写人需要根据特定消费者人群接触媒体情况，对广告文案进行定制，以实现传播效率最大化。

1. 报纸与杂志

报纸是最传统的传播媒体，至今也是重要的传播媒介之一。报纸类广告文案内容一般都较为完整，具有标题、正文、广告语和随文。报纸具有成本较低、所承载的信息量较大、覆盖面广、时效性较强、写作难度较大等特点，对文案撰写人的要求较高。

杂志与报纸的形态相似，都属于平面印刷媒体。一般来说，杂志版面中图片较大，文字较少，这使得图片承担了更多传递信息的任务。此外，不同类别的杂志服务于不同的读者类型，在杂志广告文案撰写时需有针对性地进行文案创作。

2. 广播

广播类媒体与其他媒体不同，广播媒体无法依靠画面、色彩、构图等传播信息，只能通过声音传递信息。在广播广告文案中，主要以语言文案为主，一般来说也会利用背景音乐进行辅助，以强化情感，增强语言文案感染力。

根据广播只能“听”的特点，广播广告文案在撰写时应尽可能地用口语化的表述进行创作。广播广告要让消费者听得清楚，文案应尽量以短句形式呈现，对于重要的信息内容可以适当重复，同时还应当兼顾背景声对文案内容表达的影响。

3. 电视

电视广告可以通过视觉与听觉向消费者提供信息，是最普遍、最受欢迎的传播媒介。电视可以不受时间与空间的影响，将信息传播到信号所覆盖的地方，有传播速度快、受众面广等特点。电视广告文案有其独特的撰写方式，文案形式主要包括文学脚本与分镜头脚本。

文学脚本是对内容的设想，是分镜头脚本的基础。文学脚本内容包括对广告画面、声音的描述，没有固定格式要求；分镜头脚本可作为电视广告拍摄时与拍摄后期制作的参考，是对文学脚本的细化，如镜头时长、拍摄方法等。一般来说分镜头脚本用表格形式呈现。

4. 网络

网络广告也叫作互联网广告、在线广告，是利用多种网络技术进行信息传播的广告形式。在网络的海量信息中，广告文案一定要具有吸引力。在撰写文案时可以考虑利用一些写作技巧来吸引消费者，例如文案可以引发消费者进行思考，让消费者参与其中，积极调动消费者的主观能动性。除此之外，网络广告文案还可以直接将消费者的利益表现出来，让消费者能够直观了解到可获取的好处。此外还应注意网络语言的使用，网络语言在不断地更新变化，许多新兴的网络语言出现在大众视野，网络广告文案也应当顺应这种环境下的语言变化，合理使用网络语言更能拉近广告与网络读者的距离。

5. 直邮与户外广告

直邮广告又称“DM”广告或直接邮寄广告，是指将广告对象进行印刷后，用邮寄的方式进行信息传达的一种形式。直邮广告的种类包含广告明信片、产品宣传单（册）、产品说明书、请柬、年历、贺卡等。在直邮广告文案写作中应尽可能地提供广告内容的详情信息，重点强调消费者可获得的服务或利益，以吸引消费者购买。

【案例赏析】

张家界武陵原生平台品牌的旅游立体明信片，描绘了当地的民俗风情，消费者还可以亲手写上对朋友的祝福语，如图 3–12 所示。

图 3–12　品牌明信片

户外广告是指设立于户外的广告，包含高立柱广告牌、户外电视墙、路边广告牌、公交车站牌等。因为户外广告的读者对广告内容基本都是匆匆一瞥，所以文案应当简洁、易记。户外广告一般以图文并茂的形式呈现，讲究图片与文字的整体协调。

【案例赏析】

滴滴货运的地铁户外广告如图 3–13 所示，醒目的广告语搭配着鲜明的色彩吸引着消费者眼球。

图 3–13　户外广告

（二）公益类广告文案写作

公益广告不以营利为目的，为社会与国家服务。公益广告的内容包括人性道德宣扬、环境保护、法律法规宣传等。公益广告区别于企业广告与其他商业广告，一般由广告传播媒介免费宣传。

公益广告的写作需要明确受众群体，根据受众群体的特点进行撰写。例如“喝酒不开车、开车不喝酒”这类广告文案针对的是驾驶员群体。公益广告文案可以利用数据来打动读者，用数据说话往往使人更加信服。如禁烟广告：“吸烟者每年平均吸超过 5 000 支香烟，烟瘾就像被死神的钩子钓到一样，挣脱不掉，一拉上去就死亡了。”另外，公益广告文案同样需要吸引读者的注意，并且说服对方，让读者相信广告所述内容。如一则帮助盲人流浪汉乞讨的广告文案：“世界这么美好，但我却看不见”，从盲人的角度表达了看不见美好世界的遗憾，深深触动了读者的心。

【案例赏析】

图 3-14 是由侵尘视觉中心为甘肃偏远地区留守儿童制作的公益宣传海报，从孩子的角度出发，展现孩子们的童趣和想象力。

图 3-14　留守儿童公益海报

第三节 广告文案的创意

一、广告文案创意的概述

（一）广告文案创意的定义

创意是指通过想象、联想产生新事物的过程。广告创意是指对广告主题与广告表现形式的创意性构思。广告文案创意是指依据广告主题对广告文案的表现形式进行构思，广告文案撰写人将这种构思用语言文字表达出来，广告文案是广告主题的具像化体现。

广告文案创意需围绕广告主题进行展开，若偏离了广告主题，则会影响广告的宣传效果。广告文案创意要追求新颖，以创新的形式进行文案表达可以更好地吸引消费者的注意，但不要在文字上过于卖弄，一些过于夸张的文字反而会影响广告主题的表达。部分广告文案撰写人只是简单地抄袭或模仿已有的文案，这种行为不仅会让消费者厌烦，并且根据《中华人民共和国著作权法》，抄袭他人广告中的广告语属于侵犯著作权的行为，需要承担侵权责任。

（二）广告文案创意的产生

广告文案创意灵感可以来源于对商品、目标消费者、市场等方面的调研。在文案撰写前最好充分了解与广告相关的内容，在文案撰写时根据调研数据进行提炼，在此基础上加入艺术性的创意想法，对客观的调研数据进行加工，使数据内容的表达更形象，更具吸引力。

广告文案撰写人应具有一定的创造性思维，在文案创意过程中应不断尝试不同的表现形式，并对作品进行多次对比、修改。另外，广告文案创意可以来自集体的智慧，通过多人围绕广告主题进行头脑风暴，将所得的多个创意点进行对比筛选，并不断深入分析，最终获得最佳的文案创意点。

【案例赏析】

肯德基以梦想为基调，创作出了“吃定梦想的人没有不能下咽的夜晚”这一广告文案，贴合现代人心理，给读者留下深刻印象，如图 3–15 所示。

图 3-15　肯德基广告文案

二、广告文案创意的影响因素

（一）广告策略

广告文案创意需要根据广告策略的内容进行发挥，在制订好广告策略内容的基础上，才能进行广告文案创意制作。在撰写文案创意前，应该充分了解商品的信息、卖点、企业或品牌形象、目标消费人群、广告目标等，在筛选出重点后，围绕重点进行创意制作，这样才能进行有效的广告传播。

（二）资料收集

广告文案创意的运用离不开资料的收集整理与运用。资料的来源有两种：一种是关于广告本身客观的数据，例如商品信息、市场或用户前期调研数据，这种数据的收集应尽量全面；另一种是源于文案撰写人平日里的素材收集，创意是大脑里进行的一项思维活动，但这需要一定的知识积累。除了可以在书籍中获取知识外，生活中有意义、有价值的只言片语也可以收集记录起来。如此日积月累，资料库就会越来越丰富。

当然，只是一味地收集资料还不够，将资料进行灵活运用，激发创造力才是关键。有时将旧的资料进行重新组合，提出新想法也是创意的过程。

（三）消费者评价

广告文案创意围绕广告主题展开，为广告目标服务。而广告目标是为了吸引消费者注意，以达到广告主所需要的结果。因此消费者对广告文案创意的看法评价非常重要，如果不能获取消费者的认同，那么这则广告文案就是失败的，没有实现有效的传播。相反，如果广告文案创意被消费者喜爱、认同，那么就会给消费者留下好印象，他们甚至会口口相传，达到最有效的传播。作为广告文案撰写人，在进行广告文案创意时应当注意要迎合消费者的喜好，符合消费者的需求，不能仅凭自我喜好进行创作，只有真正打动消费者的广告文案创意才能脱颖而出。

三、广告文案创意的技巧

（一）以情动人

消费者容易受到情绪的驱动，这是进行广告文案创意时需要注意的方面。人们拥有丰富的情感，如亲情、友情、爱国情、思乡情等，在创作时可以基于某种情感，让消费者产生情感共鸣。同时人们在情感中也会产生不同的情绪体验，如喜悦、愤怒、悲痛、失落、惊喜、紧张等。一般来说，在广告文案创意过程中会注重调动消费者的积极情绪。当然也有反其道而行广告创意，将消费者的消极情绪调动起来，如在化妆品的广告中，会描述女性因年龄增长而引起的皮肤暗黄、失去弹性等衰老问题，女性观众看到此类广告文案就会联想到自己的年龄与皮肤状态也可能或已经如广告中所描述的一样。与此同时，广告中又接着展示了能够解决此类问题的某种商品，于是消费者就会在情绪驱使下购买该产品，以期能够解决年龄衰老而带来的皮肤问题。这就是利用消费者的消极情绪来促使其产生购买商品的行为。由此可见，广告的情感力量能够促使消费者购买、消费，文案撰写人应该采用能刺激消费者情感的方法进行文案创作。

（二）幽默风趣

广告文案创意可以在语言或故事情节上采用幽默风趣的风格，这种创意文案往往更能引起消费者的兴趣。广告文案创意中的幽默风趣通常是令人发笑而又耐人寻味的。幽默风趣在广告文案创意里是吸睛利器。可借助谐音梗制造笑点，如"'衣'见钟情，让你美得与众不'同'"（服装广告）；用夸张手法增添趣味，如"抹上这款面霜，瞬间年轻十岁，皱纹都吓得'离家出走'"（护肤品广告）；还可塑造搞怪角色或场景，如“牙膏化身口腔小卫士，把细菌打得‘屁滚尿流’”（牙膏广告），让消费者在欢笑中记住产品。

【案例赏析】

农夫山泉曾与故宫联合制作宫廷主题系列产品包装，在其广告文案上运用了宫廷戏剧里的台词，表现出十足的趣味和新鲜感，如图 3–16 所示。

图 3–16　农夫山泉广告文案

（三）制造悬念

在广告策划领域中，广告文案创意承担着吸引消费者目光的关键任务。其中，制造悬念堪称一招“妙棋”。策划者精心构思文案，巧妙设置疑问或隐藏关键信息，为消费者营造出一种神秘莫测的氛围。悬念就像无形的手，调动起消费者的好奇心，让他们忍不住想要一探究竟，进而对广告内容投入更多关注。

【案例赏析】

知乎的系列广告通过提问的方式来吸引用户的注意，引发用户思考并挖掘答案。这种制造悬念的文案与用户形成了良性互动，同时也传递了品牌的理念，如图 3–17 所示。

图 3-17 知乎广告文案

在广告文案创意中，巧妙制造悬念确实能极大地调动消费者的好奇心，吸引他们关注广告内容。但需要特别留意的是，悬念制造出来后，绝不能“悬而不决”。必须在一定时间内，精准且巧妙地给消费者揭晓答案。倘若悬念拖延过久，消费者长时间处于猜测却无结果的状态，就易滋生不信任的情绪，觉得广告在故弄玄虚，进而产生厌烦之感，这对广告宣传效果和品牌形象都会造成负面影响。

课内实践

一、广告文案之标题训练

要求：根据“大广赛”或“学院奖”比赛的主题或者品牌制定的广告策略，撰写相应的广告活动标题，包括线上和线下活动的标题。可参照中国大学生广告艺术节学院奖的广告策划案获奖作品，如图 3-18 所示。

以 3 ~ 5 人为小组，每人撰写至少 3 条广告标题，最后通过小组投票选出最具创意的标题方案。

二、广告正文训练

要求：根据“大广赛”或“学院奖”比赛既定的企业命题制定广告策略，选择从

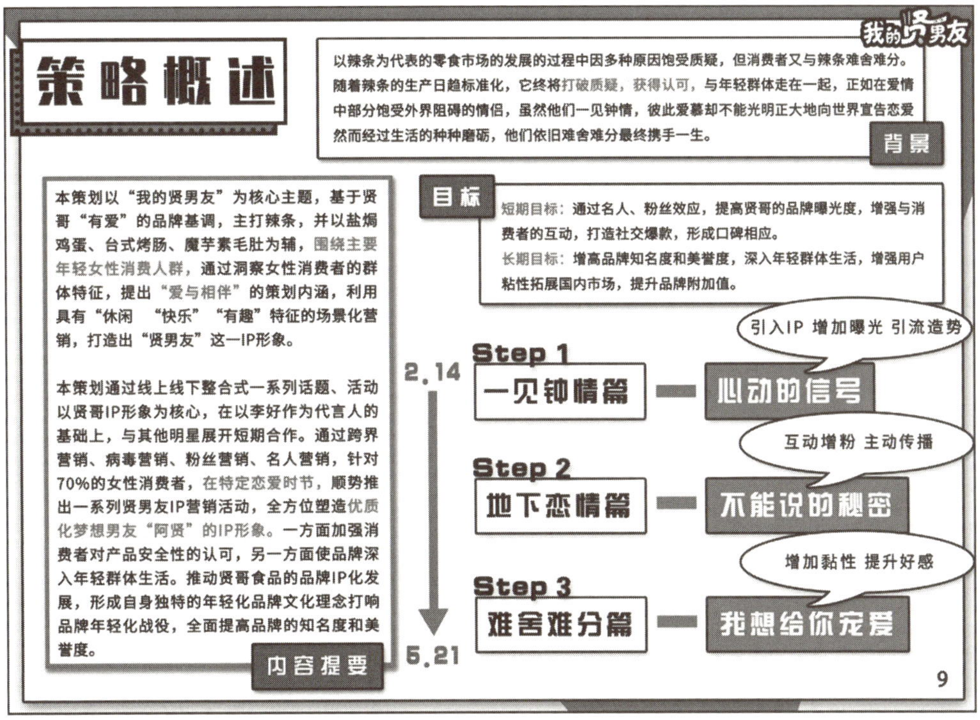

图 3-18　贤哥品牌营销策划

感性诉求或理性诉求的角度撰写广告文案的正文，包括线上、线下推广营销活动的广告正文。

三、你问我答

（1）广告文案写作可以使用哪些修辞手法？

（2）广告文案的分类有哪些？各有什么特点？

课外拓展

（1）选择一种家乡的特色，例如家乡的特色美食、特色景点、传统手工艺等，撰写一则推广家乡特色的广告创意文案。

（2）在杂志、报纸、电视、网络等各种媒体上收集优秀的广告文案，并分析它们的诉求方式。选择其中一则广告文案进行模仿撰写。

章节笔记

章节笔记

第四章

广告创意设计——好执行

Advertising Creative Design—Good Execution

第一节 广告创意思维方式

令人印象深刻且难以忘记的广告应该具备什么样的因素？相信大部分人都会给出这样的答案——创意。广告创意是一场创造性的思维活动，而在进行广告创作时，好的思维方式能够给广告带来更好的创意以及独特的设计。因此，需要充分了解广告设计的思维方式，合理运用于广告设计中，从而达到理想的设计效果。

一、垂直思维

垂直思维法是一种逻辑思路清晰的思维方法，强调对目标受众、产品或服务的深入理解，以及如何通过精准的信息传递来满足受众需求和期望。垂直思维是按照一定的逻辑路线在一定范围内向上或向下纵向思考，就像挖井一样，沿着思考的路线由浅到深，脉络清晰，一直延伸，循序渐进直到解决问题，是比较深入的思考方式。垂直思维的优点是思路清晰，针对性强，有助于广告人制定更具针对性和有效性的广告策略。但由于思考的空间有局限性，因此这种思维方法容易缺少创新，重复雷同，且风险较高，如果方向或策略选择不当，可能导致广告效果不佳甚至失败。例如，健康饮品类广告会从“健康”这一核心概念出发，采用垂直思考方式联想到与健康相关的元素，如“天然成分”“无添加”“营养均衡”等。广告通过展示产品的天然成分来源、生产过程和营养成分表等信息，来强调其健康属性，吸引消费者的注意。

二、横向思维

横向思维与垂直思维相反，是一种突破常规的思维模式，从不同角度和方向思考问题，能为广告带来独特创意。垂直思维是要把同一口井持续挖深，而横向思维则是向着横向以及宽度发展。横向思维的思维面比较宽泛，通过一个创意点就能够想到其他与产品或品牌相关的关联点，从而创作出更具吸引力和感染力的广告作品。

【案例赏析】

在汽车行业中，当多数品牌强调汽车的大尺寸、豪华配置等特点时，奔驰 Smart 汽车则另辟蹊径。广告画面简洁，一辆小巧的 Smart 汽车在由伦敦、柏林、巴黎这三大城市的地标建筑拼成的一根“针”中穿越，即使在车水马龙的都市，Smart 汽车依然可以轻松自如地穿梭其中。

横向思维运用的点在于，当时汽车广告的主流思路是突出汽车大而豪华，以彰显身份地位。而 Smart 汽车则反其道而行之，从“小”的角度挖掘优势，引导消费者思考，小车型意味着更灵活的操控体验，在城市拥堵环境中尤为便利。这种突破常规的思考方式，让 Smart 汽车在众多竞品中脱颖而出，成功吸引目标消费者，如图 4-1 所示。

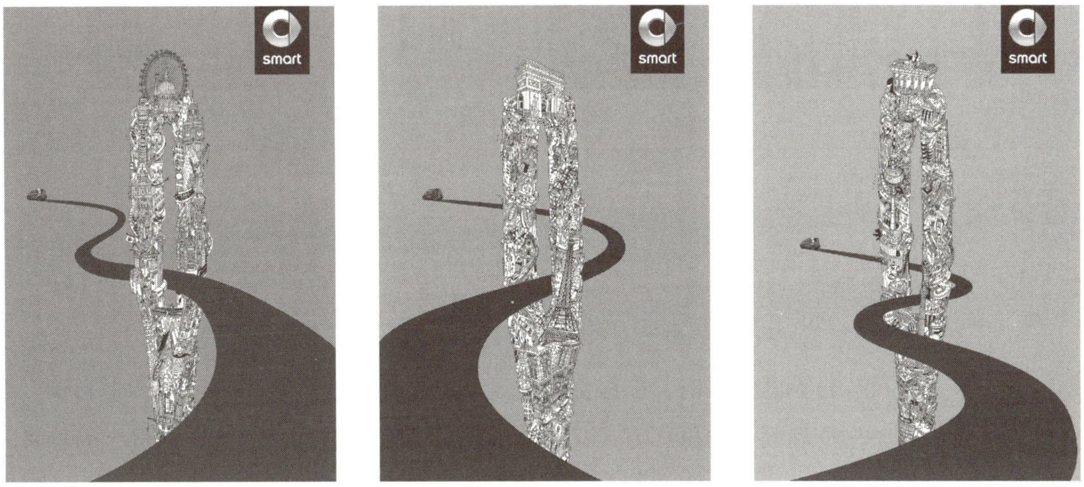

图 4-1　穿针引线系列海报设计

【获奖作品赏析】

欧庭辉同学的作品《两岸文化交流》，在中国好创意（第十七届）暨全国数字艺术设计大赛中，荣获国赛普通高等院校赛道视觉传达类三等奖。

作品从“交流”主题切入思考，由此想到桥梁，架起两岸青年交流交融的桥梁意味着加深交流合作。桥梁的形式是以书为桥梁，再由桥梁想到搭建桥梁的工具是中华文化，中华文化的文化载体是汉字。用翻开的中国传统文化书籍代表华夏文明，连接两岸的桥梁是由汉字组成的，桥从模糊到清晰、从深色到浅色的变化过程和两岸青年的小人手上拿着书呈现出激动之情，说明当代青年对于两岸文化交融的态度是积极向上的，侧面也说明了新时代的交融速度是快速的，而不是慢慢行走的状态，这能让两岸更紧密地联系在一起，探索出正确的合作方案就是求同存异，和而不同。青年是两岸未来的希望，两岸青年只有尽可能地多交流，才能增强“两岸一家亲”的认同感，如图 4-2 所示。

图 4-2 《两岸文化交流》海报

三、逆向思维

进行广告创意思考时，往往会有一定的局限性，这会对广告创意产生影响。只有摆脱条条框框和固有的思维方式，才能够迸发出好的创意，进行逆向思维的思考，思维的转变往往会让我们产生更多创意的火花，激发出更多的创意灵感，从而更好地进行广告创作。广告中运用逆向思维，可打破常规思路，从反方向挖掘产品亮点或消费者需求。当同类广告都正向宣传产品优势时，我们可以反其道而行之，从产品劣势找突破，如强调高价产品“贵有贵的道理，品质与设计无可替代”，以独特视角吸引受众，制造新鲜感与记忆点。

【案例赏析】

汉堡王为了证明自己“无人工防腐剂”，采用反向操作，完整清晰地展现了一只汉堡王汉堡发霉的全过程，这几乎违反了食品类广告的每一条规矩，而恰恰是这一逆向思维和反向操作，让人印象深刻，如图 4-3 所示。

2017 年汉堡王把 3 家门店的火灾场景做成了平面设计海报，还加上了一句文案“FLAME GRILLED SINCE 1954（专注火烤烘焙 63 年）”，如图 4-4 所示。根据其创意代理的说法，“汉堡王比其他连锁快餐店更易着火，从 1954 年开始就这样了，因为汉堡王一直坚持真实地烘烤汉堡肉饼。”这种直面自身门店事故，利用逆向思维的设计不仅为汉堡王赢得了用户好感，还使其斩获了当年“D&AD 英国全球创意（黄铅笔）奖”。

第 28 天

第 32 天

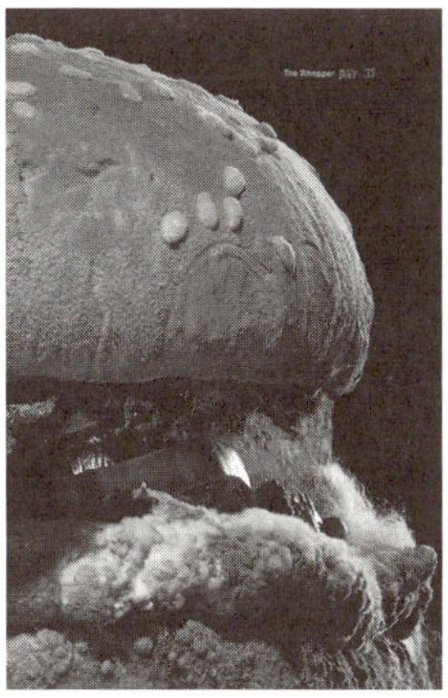

第 35 天

图 4-3 “无人工防腐剂之美”海报

以 2004 年意大利阿维亚诺门店火灾为素材

以 2015 年美国宾夕法尼亚州门店火灾为素材

以 2016 年美国俄勒冈州门店火灾为素材

图 4-4 “FLAME GRILLED SINCE 1954（专注火烤烘焙 63 年）”系列海报

四、发散思维

发散思维又称扩散思维，指根据一定条件，从不同角度、不同层次进行思考，对问题寻求各种不同的、独特的解决办法的思维方式。这种思维方式有助于催生出更加新颖、独特的广告设计作品。在广告中运用发散思维，就是围绕产品核心撒开一张创意大网，从不同维度、角度去拓展想法。比如为一款运动鞋做广告，既可联想运动场景，如篮球场上的弹跳助力、马拉松途中的舒适支撑；也能拓展到时尚搭配，与潮流服饰组合展现个性；还能关联社交属性，如好友相约运动时它的陪伴，以此挖掘多元卖点，吸引不同需求受众。

【案例赏析】

小米真无线降噪耳机 3 Pro 海报标题是“空间音频专属耳机音效”，产品定位为一款结合了高端音质、优秀降噪效果、舒适佩戴和长时间续航的旗舰级真无线耳机，海报中采用森林，天空，洞口等场景元素来模拟“耳朵”的空间环境，环绕的洞口体现了 360° 环绕声场，通过飞机轰鸣声、鸟声传达出音效的身临其境之感，强调耳机的自适应降噪功能和双重通透模式，让用户在享受音乐的同时，也能保持对周围环境的感知，如图 4-5 所示。

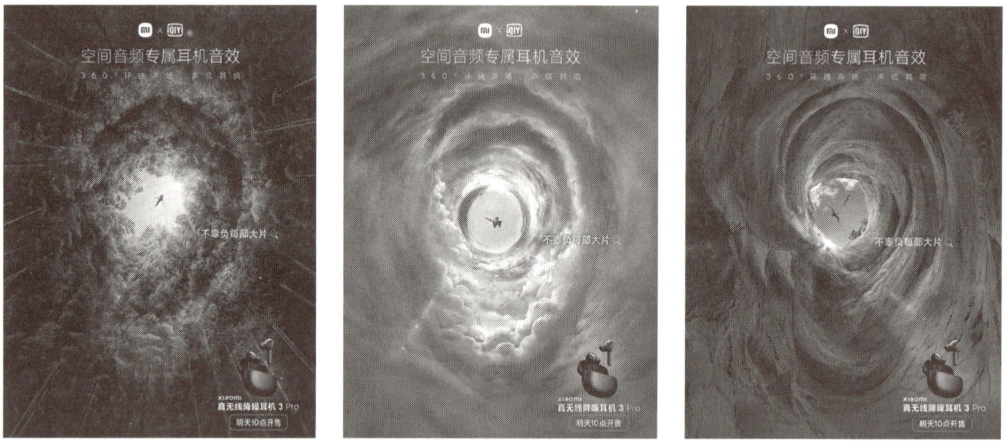

图 4-5 “小米真无线降噪耳机 3Pro”系列海报

五、想象思维

想象思维是创造性思维的重要组成部分，想象思维是人体大脑通过形象化的概括作用，对已有的记忆表象进行加工、改造或重组的思维活动。在广告设计中，想象思维发挥着至关重要的作用，是设计师创造新颖、独特广告形象的重要手段。在广告中运用想象思维，能突破现实束缚，构建奇幻场景。比如在儿童零食广告中，可想象零食变成魔法糖果，孩子吃后能遨游糖果星球，和糖果精灵玩耍；在高端汽车广告中，设想驾驶者开着车穿越时空隧道，领略不同时代风光，借此展现产品魅力，引发消费者向往。

【案例赏析】

下图为两组儿童节海报，其一，海澜之家将毛线、棉花、想象成海浪、白云，一艘可爱的白色折纸船漂浮在柔软羊毛的波浪上，充满了童趣，如图 4–6 所示；其二，华帝烤箱则将烤箱变成小朋友想要的百宝箱，传达“一机百变”的宣传点，如图 4–7 所示。

图 4–6　海澜之家“六一”海报

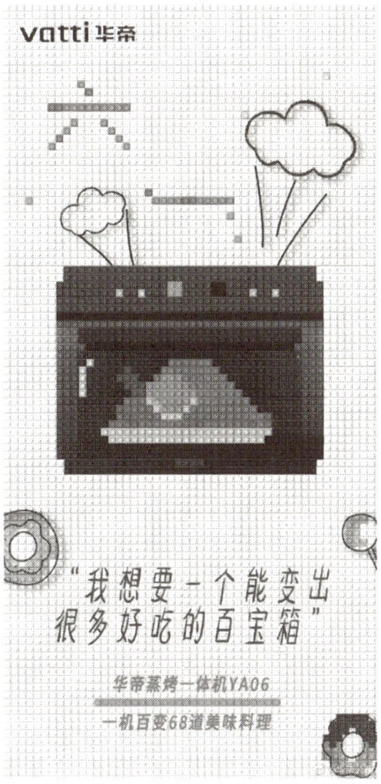

图 4–7　华帝“六一”海报

六、直觉思维

直觉思维是相对于逻辑思维而言的，是指设计师不经过逐步分析而迅速对设计方案或创意做出合理猜测或顿悟的思维方式。直觉思维能迅速捕捉灵感，帮助设计师在短时间内产生大量的设计创意方案，通过直觉思维设计的广告，往往能够给消费者留下直观而深刻的印象，从而提升广告的传播效果。

在广告中运用直觉思维，即摒弃繁杂分析与逻辑推演，凭第一感觉捕捉核心亮点。如在奶茶广告中，直觉可能瞬间指向“丝滑口感”这一关键特质，于是围绕“一口丝滑，畅享愉悦”展开创意，用丝滑流淌的视觉画面、柔顺入喉的音效暗示等，快速激发消费者对美好体验的直觉渴望，引发情感共鸣促使其行动。

【案例赏析】

无印良品 2024 年春夏“凉柔”系列的三句广告语为：“一触即凉。”“一穿即凉。”“一躺即凉。”。画面没有过多元素装饰，海报主体是简洁的企鹅剪影，整体采用代表衣物清凉的深浅蓝色和表现肌肤的浅粉色为主色调，给人一种扑面而来的夏季清凉感。设计师在创作过程中，凭借直觉思维将产品特色和颜色相结合，用色彩和画面磨砂颗粒质感表达触感，直观呈现肌肤与衣物接触的清凉感。这一系列视觉作品不仅吸引了消费者的注意力，达到视觉上的降温效果，还成功传达出品牌信息和产品特点，如图 4-8 所示。

图 4-8　无印良品“凉柔”系列海报

第二节　广告创意设计原则

创意是一种创造性思维，是广告人员对确定的广告主题进行的整体构思活动，要充分发挥想象力和创造力，才能创作出新颖、独特的广告作品。广告创意有着与一般创造性思维不同的特征，它要在局限的环境中寻找更高境界的自由，是“戴着镣铐跳舞”。因此，广告创意设计需遵循一系列原则，以确保广告能够有效吸引受众、传递信息并实现营销目标。

一、时效性原则

时效性原则强调广告需在特定时间范围内，凭借契合当下趋势、事件或需求的创意，实现最佳传播与营销效果。广告的本质是信息传播活动，向社会广大公众告知某件事物，或将信息传递给消费者。而广告刊播的时效性指的是广告在刊播后能够起效用的时间范围。不同类别的广告其广告时效也会不同，有的广告时效很短，如展览、展销、演出、特定节日活动宣传等；有的则很长，如企业形象广告、公益宣传广告等。

广告通过购买有限的时间和空间来传递信息。在当今这个信息大爆炸的时代，各种信息充斥着人们的日常生活，时间是最为宝贵的资源，人们只关心自己所关心的。因此，需要提高广告的时效性，在有限的时间内向目标受众传递有用的信息，使其传播的信息能成为消费者购买决策的参考依据。

【案例赏析】

冬至俗称“冬节”“长至节”“亚岁”等，是二十四节气里非常重要的节气，也是一个传统节日，至今仍有不少地方有过冬至节的习俗。节日、节气都是特定的时间宣传窗口，节气海报具有一定的时效性。

vivo 智能手机 X20 的海报中，手机屏幕中间的“冬”字，由筷子、勺子、饺子、汤圆组成，象征冬至饮食风俗，远看像窗花，且红色与新机颜色“星耀红”对应，如图 4-9 所示。

百度外卖的海报主体由冬至特色食物和广告口号“世界再大，大不过一盘饺子”组成，凸显节日的重要性，如图 4-10 所示。

图 4-9 vivo X20 手机创意海报

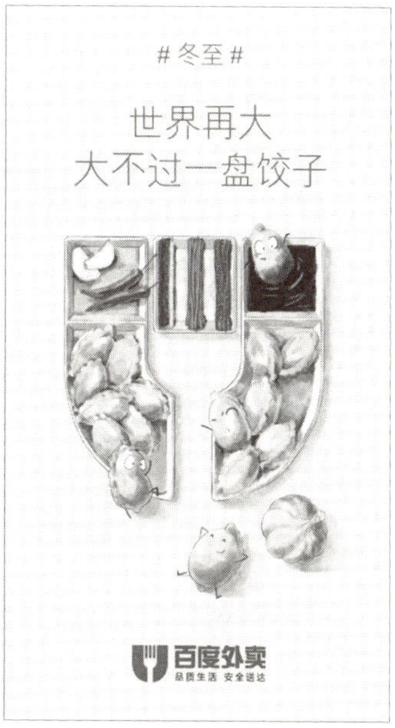

图 4-10 百度外卖创意海报

二、目标性原则

广告创意设计的目标性原则，是指广告创意必须紧密围绕广告目标和营销目标展开，就像在大海中航行需要灯塔指引方向，目标性原则为广告创意指明方向，所有的创意构思、表现手法都要服务于特定的广告目的。

（一）明确广告目的

一个成功的广告必须有一个清晰的目标，广告创意设计应始终围绕特定的目标展开，无论是提高品牌知名度、推广新产品、吸引人们关注某个活动或促进销售，还是改变消费者态度，都要有清晰的目标指向。例如，华为公司推出新款手机时，广告创意聚焦于展示新机型的创新功能，目的是吸引消费者购买产品，提升产品销量。

（二）紧密贴合营销策略

广告作为营销活动的一部分，其创意要与整体营销策略相匹配。如果品牌定位高端，广告在视觉呈现、语言风格上应体现出品质感；若主打性价比，广告则需要突显产品价格优势和实用性。

【案例赏析】

花千卤品牌的整体定位为高端卤味零食，生产高品质、高颜值、高体验及精神层面高满足卤味零食。目标客户群定位为追求精致生活的学生、白领、有一定经济基础的群体。因此，创意海报的最终视觉效果既要体现传统文化元素，又须凸显高端质感，如图 4-11 所示。

图 4-11 花千卤创意海报

三、受众导向原则

现代广告趋向于精准传输，也就是“把适合的信息传达给适合的人”。目标受众的精确定位是广告的创意原则之一，这也是广告发展的未来趋势。广告创意的受众导向原则，强调在广告创意过程中，要以目标受众为核心，深入了解他们的需求、兴趣、价值观和行为习惯等，使广告能够与受众建立有效沟通，引发共鸣，从而实现广告的营销目标。

（一）了解目标受众

深入研究目标受众的特征需从年龄、兴趣、消费习惯及文化背景切入：不同年龄层审美差异显著（青年爱潮流、中老年重经典）；兴趣点决定内容吸引力（如运动爱好者关注活力元素）；消费习惯（性价比或品质导向）与文化背景（地域、民族差异）等影响广告接受度。这些因素对于制定有效的营销策略至关重要，特别是在广告创意和设计方面。

【案例赏析】

新一代年轻人爱养宠物，“铲屎官”是其重要头衔之一。然而，当宠物偶尔闯祸、破坏家中物品，尤其是贵重物品时，主人会有既心疼钱包又无奈宠溺的复杂心理。基于这一洞察，宜家就以此推出了一则新广告，广告以宠物主人的日常生活为切入点，强调即使是宠物不小心破坏了产品，主人也能轻松承担再次购买的费用。同时，配合“Don't worry，you can afford it.（别担心，你负担得起。）”的简洁标语，直截了当地向消费者传达了宜家产品的价格友好性，进一步深化其“亲民低价”的品牌形象。该广告不仅展现了宜家对目标消费群体心理的精准把握，也进一步巩固了其作为高性价比家居品牌的市场地位，如图 4–12 所示。

图 4–12　宜家广告

（二）满足受众需求

广告创意应以受众需求为核心，精准定位其在生活、情感、消费等场景中的痛点，为受众提供有价值的信息，或提出切实可行的解决方案，以此建立信任，强化广告与目标群体的情感共鸣，最终提升营销实效。

【案例赏析】

以东莞常平的公寓宣传海报为例，核心客户群体是后浪时代“薪”青年，主要指 90 后，也包含了一部分 80 后和 00 后。海报选用潮流手办作为主体，利用高饱和度的配色吸引人们的目光。标题内容“24h 城市活力新主场”通过精准定位某一类人群达到广告宣传目的，如图 4–13 所示。

图 4–13 常平公寓宣传海报

四、简洁性原则

广告创意应恪守简洁性原则，力求以精炼内容直击核心。这要求广告信息高度凝练，避免堆砌过多文字与杂乱视觉元素，将设计去繁就简。以简洁、单纯、明确的创意呈现主题关键信息，这样才能确保消费者迅速捕捉并理解广告主旨，高效达成传播目的。

【案例赏析】

可口可乐的一幅海报把“留白”发挥到了极致，如图 4–14 所示。海报采用可口可乐一贯的极简风格，代表性的品牌红色作为背景颜色，中间白色经典标志作为瓶身轮廓，上方两个英文单词“Feel it”组成瓶盖，虽然形式简单，但巧妙的构图能让人一眼脑补出可口可乐的经典瓶身，是非常有创意的优秀广告。

图 4-14 可口可乐创意海报

（一）简洁的信息表达

在信息过载的当下，消费者每天接触海量内容，注意力高度碎片化。因此，广告信息应简洁明了，规避繁杂冗长的表达，以精炼内容突出核心卖点，让消费者能够在短时间内快速理解广告主旨。

【案例赏析】

凡士林广告的宣传语“你也可以一样”，以及创意海报中对裂纹古画舒缓功效的视觉见证，简洁明了地突出凡士林的滋润度。凡士林这则广告使用夸张的手法，呈现出凡士林修复名画的干裂，修护皮肤更是不在话下，如图 4-15 所示。

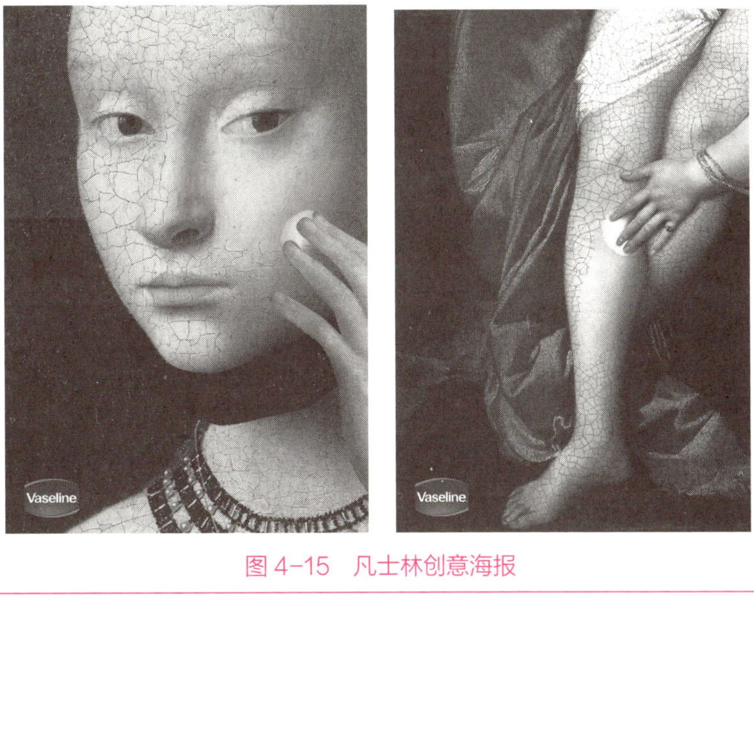

图 4-15 凡士林创意海报

（二）简洁的视觉呈现

在视觉设计层面，同样需遵循简洁准则，严格把控画面视觉元素数量，避免因信息堆砌而产生视觉干扰。通过精简图形、优化色彩搭配、留白等手段强化主次关系，确保核心视觉符号与产品卖点得以清晰凸显，高效达成传播目的。

【案例赏析】

麦当劳的夏季广告“Enjoy our summer.（享受我们的夏天。）”，将麦当劳品牌标志以及炸薯条、汉堡包、土豆泥和冰淇淋等招牌餐品与夏季海边元素（人字拖、遮阳伞、游泳圈和挖沙桶等）融为一体，采用大胆的对比颜色，带出了强烈又俏皮的夏日氛围，透过其产品外形和简洁的创意表现，让人在感受夏季氛围的同时对品牌及其产品产生相应的联想，如图 4-16 所示。

（a）沙桶、铲子 vs 薯条　（b）游泳圈 vs 汉堡包　（c）人字拖 vs 金拱门

（d）遮阳伞 vs 芝麻面包　（e）沙滩球 vs 麦旋风　（f）毛巾 vs 调味酱

图 4-16　麦当劳创意海报

五、独特性原则

“求之于势，胜之与奇”提炼自《孙子兵法》，广告创意的独特性原则与之同理，强调突破常规窠臼，拒绝千篇一律。广告创意不能因循守旧、墨守成规，而需大胆创新、独辟蹊径，才能凭借新颖的表达与独特的记忆点，从海量信息中脱颖而出，有效吸引消费者目光，提升品牌传播力与辨识度。

（一）突出差异化

原创性是广告创意的理想追求，若无法做到原创，至少要形成鲜明差异。在竞争激烈的市场中，广告创意必须差异化，才能使品牌或产品从众多竞争对手中脱颖而出，抢占消费者市场。

（二）激发好奇心

广告效果需要许多环节传递才能产生作用，而独特创意恰似其中的“破局点”。独特的创意能够激发消费者的好奇心，驱动他们主动探索广告内容。这种由好奇引发的注意力聚焦，不仅能提升广告的触达效率，更能加深品牌在消费者心中的印象，为后续的认知转化与消费决策奠定基础。

【案例赏析】

电影《孤注一掷》的宣传海报中包括鱼钩、键盘、筛子等元素，如图4-17所示。这些元素就是这张海报传达出的电影核心。鱼钩钓着Esc键的一角，而Esc键的侧面印着骰子上的两点

图4-17 《孤注一掷》电影海报

和六点，键帽下的黑色插槽是美元符号；键盘旁隐隐散落着几处斑驳的血渍，突出了以网络赌博为幌子的电信诈骗主题。设计者用暗喻的手法，巧妙地将“诈骗”比喻成“钓鱼”，“受骗”比喻成“上钩”，表明故事围绕“钩子”展开。

（三）独特的创意可以造就个性

独特创意是塑造品牌个性的基石。创意赋予品牌差异化内核后，需通过多元传播手段与统一表现形式持续强化，从视觉符号到营销表达均围绕个性展开，让品牌在消费者心中形成鲜明独特的认知。

【案例赏析】

图 4-18 所示为遥力律所的 IP 形象，团宠“遥嘟嘟”和“遥妮妮”，其形象来源于我国古代一种名为獬豸的神兽。古人认为，獬豸能辨别是非曲直，是清正、公平、光明的象征。通常以理性、严肃、专业形象为代表的律师行业，若采用可爱、亲切、活泼的 IP 形象作为主视觉基调，不仅使人眼前一亮，也展现出律师行业富有活力和人性化的一面。

（a）IP 形象

（b）节气创意海报

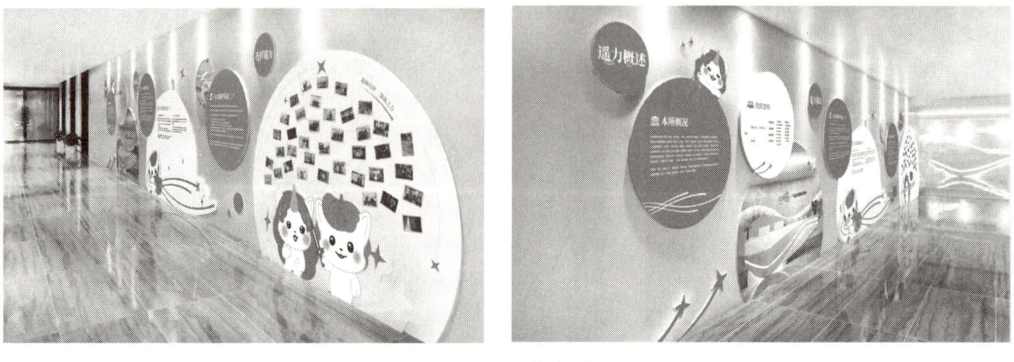

（c）企业文化走廊

（d）IP 立体雕塑

图 4-18 遥力律所整体 IP 设计

六、关联性原则

广告创意的关联性原则是广告创意中的一项重要指导原则。这一原则主要强调广告创意必须紧密围绕商品、消费者、广告目标等核心元素进行构思和设计，从而确保广告的有效性和针对性。

（一）与产品或服务相关

广告创意要紧密关联产品或服务的功能、特点或优势，让消费者能够迅速理解广告所宣传的商品信息，从而将广告内容与品牌或产品联系起来。例如，德芙巧克力的广告常将巧克力与丝滑的感觉相联系，并通过画面和文案来强化这种关联。

（二）与品牌形象一致

广告创意并非孤立存在的表达，而是品牌形象传播链条中的关键一环。紧密贴合品牌整体形象、核心价值观与市场定位，才能确保创意输出的每一个视觉符号、每一句文案表述，都能成为强化消费者品牌认知的有力支点。

【案例赏析】

喜茶作为高端茶饮品牌，主打健康、新鲜和创新的茶饮产品。喜茶的广告总能将每款新品与独特的创意巧妙结合，画面设计既引人注目，又透露出简约而高级的美感，通过简洁的构图、明确的信息表达、和谐的色彩搭配以及精致的细节处理，营造出优雅的视觉效果，始终传递出舒适、高品质的生活理念，完美契合品牌定位，让人对喜茶的品牌形象更加印象深刻，如图 4-19 所示。

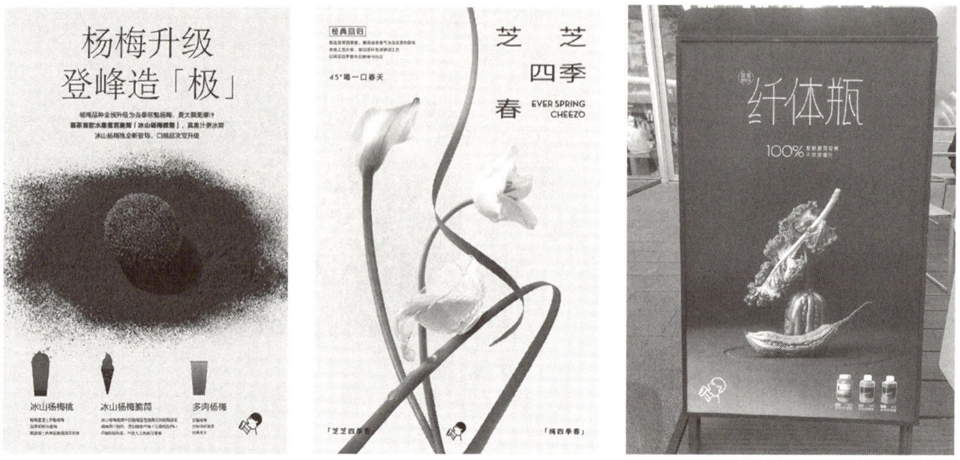

图 4-19 喜茶海报

七、情感性原则

广告创意的情感性原则是指在广告创作过程中，充分利用情感因素来吸引消费者，以激发目标受众的共鸣和认同感，从而达到更好的传播效果和品牌塑造目的。

（一）引发情感共鸣

广告创意是连接品牌与消费者心灵的桥梁。通过触动消费者的情感，如喜悦、感动、怀旧、同情等，将产品或服务巧妙融入故事与场景中，唤醒消费者内心深处的情感记忆与价值认同，让品牌在消费者心中从陌生符号转变为可信赖的情感伙伴。

【案例赏析】

可口可乐广告常常围绕快乐、分享等主题，传递积极向上的情感，让消费者在看到广告后产生共鸣。可口可乐投放过“无声”广告，其特点在于它没有过多言语，充分放大气泡的存在感，给予快乐最直接的诠释。观众在看到的那一刻，耳边便会不自觉地响起拉环被拉起的声音，玻璃瓶盖被撬开的响动，甚至是可乐倒入杯中发出的“呲嘶”的气泡跳跃声，呈现出最明晰的产品使用场景和品牌精神内核，如图 4-20 所示。

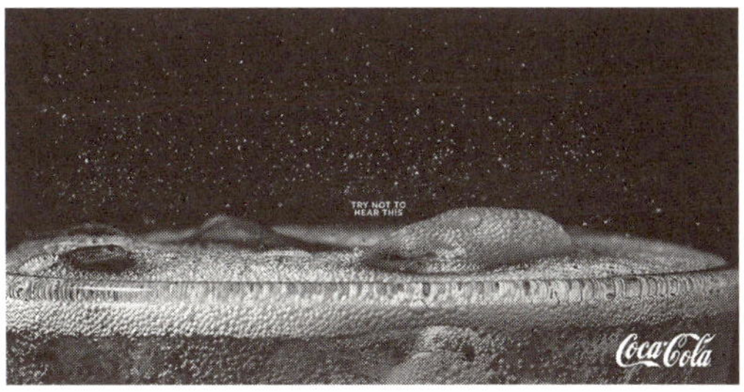

图 4-20　可口可乐广告画面

（二）赋予品牌情感价值

广告创意能够为品牌赋予情感价值，使消费者购买产品不仅是为了满足物质需求，还为了获得情感上的满足。例如，DR 钻戒以“一生只送一人”的品牌理念闻名，男士凭身份证一生仅能定制一枚。这种独特的购买规则使 DR 钻戒成为了真爱的象征，更将钻石与爱情的庄重承诺紧密关联，从而赋予产品深厚的情感价值。

第三节　广告营销创意活动

广告营销创意活动是为了提升品牌影响力、促进产品销售或增强消费者认知而设计的一系列创新性活动。创意既是“创异”，也是“创益”。广告的创意既要创新，也要能够创造良好的效益。广告的创作必须扎根于市场，只有经受住市场的考验，才能实现进步和提升。广告营销创意活动需要综合运用多种策略，结合品牌特点和受众需求进行创新设计，以实现广告营销的最佳效果。

一、营销预热与线上活动

线上营销活动日渐成为大众热议的话题，能够吸引更多潜在客户关注品牌。线下活动与线上活动相比，不同之处在于，线下活动注重曝光、参与感、体验感、现场效果等，线上活动则更加注重创意、内容、营销、互动感等。

（一）营销预热

营销预热是指在正式的营销活动开展之前，通过一系列有计划、有针对性的宣传和推广手段，比如挖掘爆点、预埋悬念等方式，来营造活动氛围，提前引起目标受众对即将推出的产品、服务或品牌活动的关注、兴趣和期待。这一阶段就像是一场演出前的序曲，为后续的主要营销活动铺垫良好的氛围，使营销活动更加顺利、高效地展开。

【案例赏析】

滴滴品牌升级事件是一则营销预热典型案例。品牌在微博、微信公众号等社交平台上发布一些神秘的图片、视频或文案，不直接透露品牌升级的具体内容，而是通过暗示、悬念等方式引起用户的好奇心。

1. “滴滴打车再见”宣传海报

滴滴在品牌升级时，发布“滴滴打车再见”的传播海报，海报中的文案“只为和你走更远”“这是结束，也是开始”具有歧义，配上带有滴滴标志但部分信息被遮挡的图片，会引起用户的猜测，使其对即将发生的变化产生好奇，如图 4–21 所示。

图 4–21　“滴滴打车再见”海报

2. 告知将有大事发生

通过各种渠道广泛传播即将有大事发生的消息，这不仅引发了用户的好奇与猜测，还促使各种创意十足的话题在朋友圈迅速传播，进一步扩大整个事件的话题影响力和用户参与度。

3. 临近揭晓日期时倒数

当品牌升级的揭晓日期日益临近时，开始启动倒数机制，通过不断更新的信息营造紧迫感，极大地提升了用户对即将揭晓内容的期待感和好奇心，如图 4–22 所示。

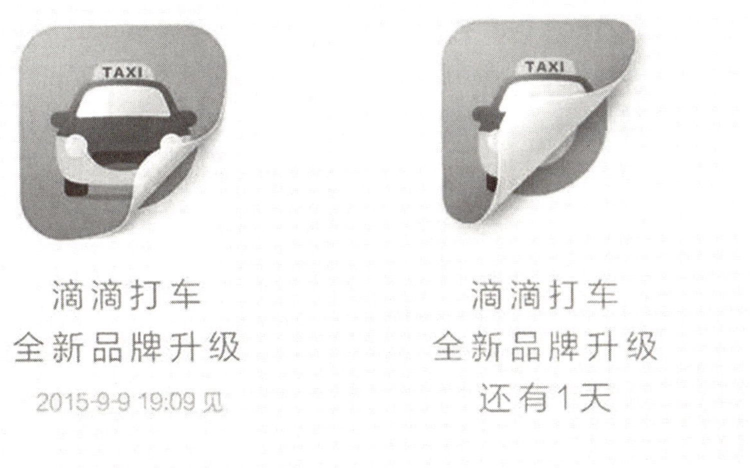

图 4-22　滴滴打车升级倒数日

4. 信息植入滴滴红包

把品牌升级的信息植入到滴滴红包里，让用户在使用红包的过程中，也能接收到相关信息，扩大了信息的传播范围。滴滴红包作为用户出行时常常使用的优惠工具，不仅承载着实际的优惠价值，更成了宣扬品牌新形象、新理念的桥梁，如图 4–23 所示。

5. 正式更名

在经历了一系列的品牌升级筹备和预热活动后，滴滴迎来了品牌更名的关键时刻。为了向公众正式宣告这一重要变革，并展示品牌升级的最终成果，正式发布了官方通告，如图 4–24 所示。

图 4-23　滴滴红包

图 4-24　滴滴升级通告

6. 上线后的活动

为了进一步巩固用户对新品牌的认知与记忆，在微博等社交媒体平台上特别策划并上线了“# 拼 D 大赛 #”这一互动话题活动。该活动旨在通过趣味性的参与方式，鼓励用户分享自己与新品牌的互动体验、创意内容或是与品牌相关的趣味故事，以此激发用户的参与热情，建立品牌忠诚度，如图 4–25 所示。

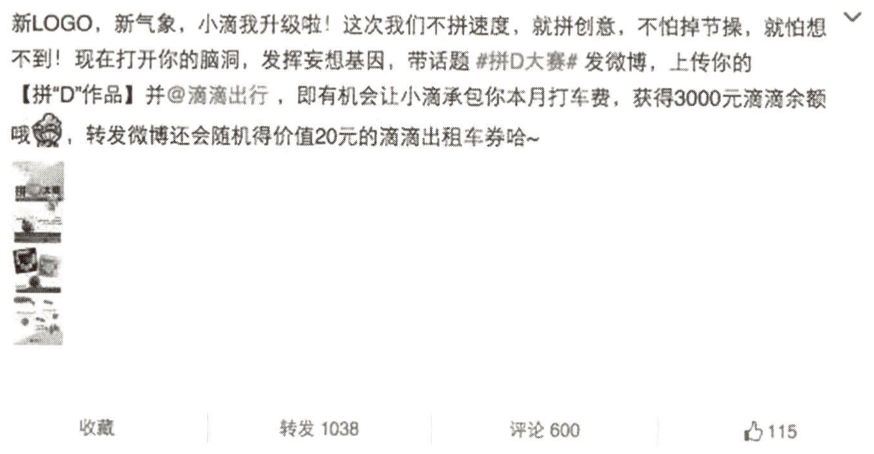

图 4–25 “# 拼 D 大赛 #”活动页面

（二）线上活动的内容

线上活动是指品牌、企业、组织或个人通过互联网平台开展的一系列有目的、有计划的营销、推广、互动、娱乐等活动。线上活动的内容丰富多样，充分利用了网络的便利性、即时性和传播的广泛性，打破了时间和空间的限制，让参与者能够在虚拟的网络环境中进行交流、体验。

1. 定位目标客户

明确想要吸引的人群主体，才能制定出有针对性的活动方案。线上活动定位目标客户，需先明确活动主题与核心价值，据此圈定大致人群范围。比如美妆活动，目标多为女性。再结合产品特性细分，如高端护肤品针对高收入、注重品质的女性。还可借助平台数据，分析过往活动参与者的年龄、地域、兴趣等特征，精准锁定有相关需求、消费能力和参与意愿的群体，确保活动有效实现用户触达。

2. 确定活动主题

根据目标群体的需求，确定具有特色和吸引力的活动主题，主题要突出趣味性、互动性，让潜在客户有良好的参与感。线上活动确定主题，先明确活动目的，如促销售、增流量或树品牌；再结合目标受众兴趣喜好，比如年轻人爱潮流；最后关联当下热点或节日，像结合世界杯、情人节，打造如“［品牌名］世界杯狂欢购”这类有吸引力又贴合目标的方向性主题。

3. 设计活动形式

相比于线下活动，线上活动的设计形式显得至关重要，可以采用打卡签到、集赞、答题、抽奖、竞赛、投票、互动游戏、线上社群活动等方式，通过设置奖项兑换条件，充分兼顾目标客户的参与感和获得感。

4. 营销预热

采用视频、简报、图片等多种形式在主流媒体上宣传造势，提高活动的热度。可先在各大社交平台发布悬念海报、短视频，透露活动亮点但不透露全貌，勾起用户好奇心；接着发起话题讨论，鼓励用户猜测活动形式与奖品，提升参与感；同时找相关领域 KOL 分享活动信息，借助其影响力扩大传播范围，为活动正式开展积攒人气与热度。

【案例赏析】

铂瑞广场常平公寓线上活动

活动主题：打造形象，24 h 城市活力新主场；建筑面积约 42 m^2 的多功能空间，现正诚意登记中。

活动类型：线上话题矩阵式传播，吸引关注度。

活动目的：借助平台传播品牌，树立产品形象，宣扬生活方式；传播鲜明产品价值体系，为后续开盘蓄水积客。

线上投放媒介：视频号、H5、公众号、朋友圈海报，以及利用时下最热门的短视频软件，如抖音、小红书、微博等，进行线上矩阵式传播，吸引关注度，如图 4-26 所示。

互动H5文案

你与这座城的故事，从脚下的常平大道开始

1P
东莞常平，无数条大街小巷
2P
雨水冲刷过的路面
阳光照耀着的街道
清风拂过的大道
每一条路都在诉说着一个故事

3P
也许会忘记你的名字，但一直记得北京西路的日子。
——这是三毛与北京西路的故事
5P
旧时王谢堂前燕，飞入寻常百姓家
——这是刘禹锡与乌衣巷的故事
6P
常平大道，作为常平的核心主干道，这里承载了很多奋斗者的欢笑与泪水。
那你呢，与常平大道又有着怎样的故事？
参与留言，即有机会与大家分享你的故事。

图 4-26　互动 H5 文案

二、创意体验与线下活动

创意体验与线下活动的结合，为企业和品牌提供了与消费者深度互动、展示产品优势、增强品牌认知度的绝佳机会。现代生活中，线上活动已经成为大家生活中不可或缺的一部分，但线下活动仍然具有独特的魅力。创意线下活动策划是为了满足人们对于面对面交流与互动的需求，能够提供一种全新的体验。线下推广活动是企业针对不同人群、不同地域制定的营销活动。通过举办各种活动，如展览、促销、赠品等，吸引消费者的注意力，从而提高产品销量。

（一）创意线下活动策划的重要性

1. 强化品牌形象

线下活动可以通过创意的方式帮助企业在目标消费群体中树立鲜明的品牌形象。通过有趣的活动内容，让参与者在互动中对品牌形成更深层次的认知和记忆。

2. 提升用户参与度

线下活动不仅可以为参与者提供交流互动的机会，同时也能促进品牌与参与者之间建立紧密联系，提高用户黏性。

3. 深化产品认知

线下活动为参与者提供全新体验，让消费者通过亲身体验更直观地了解产品功能和优势，从而增强购买意愿。

（二）创意体验线下活动的实施要点

1. 确定活动目标与受众

在策划创意线下活动之前，根据产品或服务的特点，明确活动的目标和受众。明确活动目标有助于确定活动的重点方向，而只有了解受众才能策划符合其喜好和需求的创意体验活动。

2. 注重活动创意，发掘创意活动主题

活动创意是吸引消费者的关键，要确保活动具有新颖性、趣味性和互动性，以此激发消费者的参与热情。根据活动目标与受众需求，活动主题应该与品牌形象相符，并能够引起受众的兴趣和共鸣。

3. 设计活动内容与互动方式

创意线下活动的内容和互动方式应该与活动主题相呼应，并能有效吸引受众参与。可通过游戏、比赛、表演等形式，打造独特的体验和互动氛围。

4. 确定活动场地与时间

根据活动规模和内容需求，选择适合的场地和时间。活动场地应该能够容纳参与者，同时提供良好的氛围和设施，有助于活动的顺利进行。

5. 制定宣传推广计划

为了吸引更多的参与者，制定宣传推广计划非常重要。可以通过社交媒体、传统媒体、口碑传播等多种方式进行宣传，吸引目标受众的关注。

通过创意线下活动策划，可以为企业或组织提供一个展示品牌形象、促进互动交流的平台。在策划过程中，要明确目标与受众，确保活动内容和互动方式与主题相符。两者相较而言，线下活动更侧重曝光、造势和形象树立，线上活动更注重增长与拉新。两者若能结合，往往能取得更佳的效果。

【案例赏析】

铂瑞广场常平公寓线下活动，如图 4–27 至图 4–29 所示。

不倒翁拳击场宣传概念：当你因一件事苦闷许久，是否会感到难以控制的愤怒？来到这儿，你可以尽情施展拳脚释放怒气！这里有人型拳击架供你踢打，你可以把心中的苦闷通通发泄出来。

图 4–27　不倒翁拳击

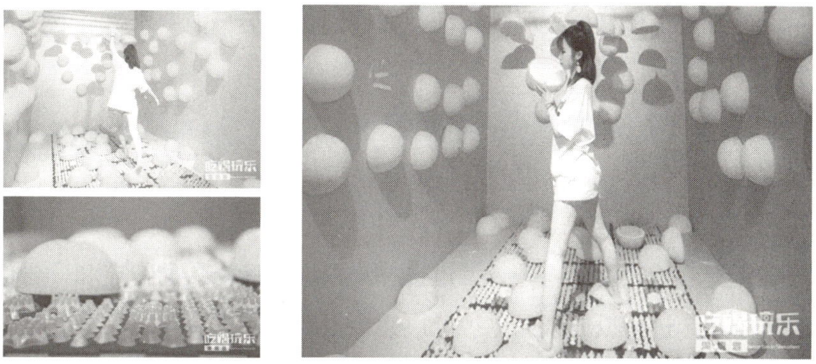

图 4–28　酸爽柠檬屋

酸爽柠檬屋宣传概念：在纯色蓝黄相间的柠檬屋中，底层的指压板踩上去疼痛难忍，但大颗“黄色柠檬”像海绵一样有弹性，踩上去软软的很舒服。就像人生一样，就算困难重重，也要学会苦中作乐。

陌生拥抱墙宣传概念：“熊抱、八爪鱼抱、横腰抱、公主抱、背后抱”，这里有你能想象到的各种拥抱姿势。来自拥抱的神秘力量，给你无限的爱和安慰。

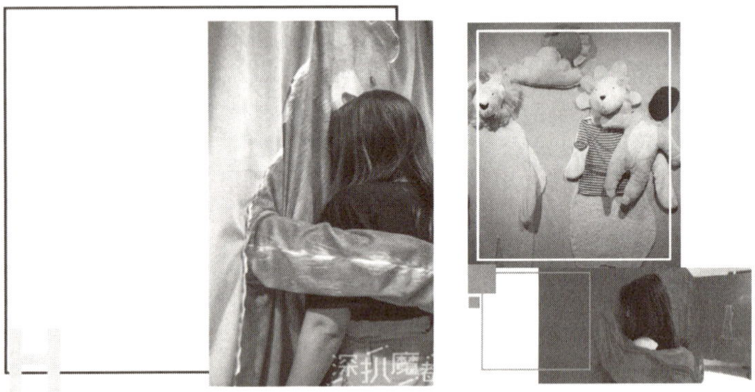

图 4-29 陌生拥抱墙

三、宣传推广与媒介组合

对于广告主来说，宣传推广的第一步就是需要针对自身特点和目标受众，选择匹配的媒介平台。只有营销方向正确，才会有可观的营销效果。

（一）宣传推广

宣传推广是指企业或个人通过特定的媒介和渠道，向目标受众宣传商品、服务或品牌信息的活动。宣传推广通常包含以下几个关键因素。

1. 目标受众

明确广告宣传目标人群的特征，如性别、年龄、消费水平、兴趣爱好、职业、地域等。

2. 信息内容

制定有吸引力和说服力的广告信息，包括品牌理念、产品特点、优惠活动等。

3. 媒介选择

确定受众后，就可以进行渠道选择。根据目标受众的特点和广告信息的性质，选择合适的媒介进行投放，如电视、广播、报纸、杂志、互联网等。年轻人则更喜欢使用互联网和社交媒体，比如抖音、小红书等，适合年轻化或定位较高端的品牌产品投放大量广告来打造爆款。中老年人则偏爱电视和报纸等传统媒介。

4. 创意制作

根据宣传策略和渠道，制作吸引人的广告内容，如文字、图片、视频、H5多媒体广告页面等。

5. 投放时间

确定广告的投放时间，如节假日、促销活动期间等。

6. 预算安排

制定广告宣传的预算，并合理分配在各个媒介上的投放比例。

（二）媒介组合

媒介组合是指在广告宣传推广过程中，根据广告的内容、目标人群的特征和广告预算来选择合适的媒介并进行有机组合投放的策略。媒介组合的目的是实现广告信息的最大化传播和覆盖，提升广告效果。

1. 传统媒体

电视、广播、报纸、杂志等传统媒体，具有广泛的覆盖面和较高的权威性，适合品牌塑造和形象宣传。

2. 数字媒体

互联网、社交媒体、搜索引擎、移动应用等数字媒体，具有互动性强、传播速度快等特点，适合进行精准营销和互动传播。

3. 户外媒体

户外广告牌、公交车体广告、地铁广告等，具有视觉冲击力强、持续时间长等特点，适合进行区域性宣传。

4. 内容媒体

影视节目、综艺节目、自媒体等，可以通过内容植入和合作形式，实现品牌与内容的融合传播。

在媒介组合中，不同媒体渠道可以相互补充、相互促进，形成协同效应。例如，利用传统媒体进行品牌塑造和形象宣传，同时通过数字媒体进行精准营销和互动传播，可以提升广告效果和传播效率。

【案例赏析】

项目品牌通过多渠道推广，以线上牵引线下，构建全维推广矩阵，线上线下分阶段搭配组合投放广告，如图4-30所示。

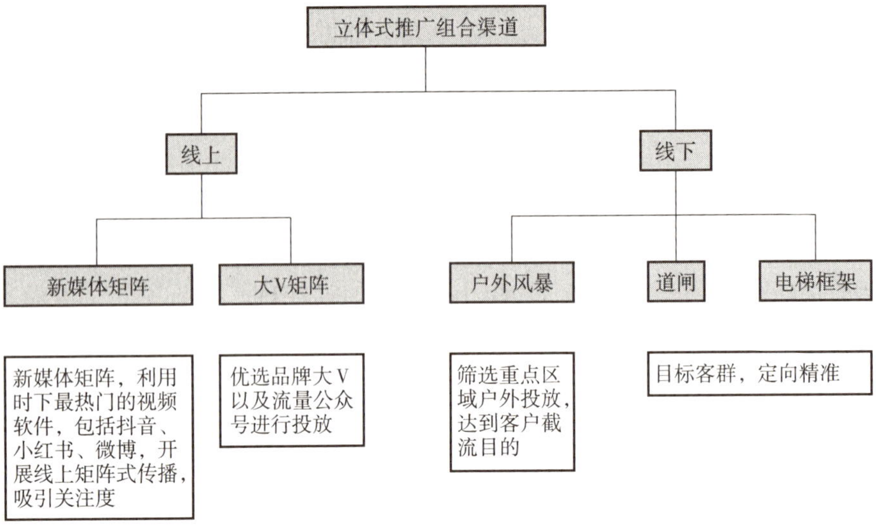

图 4-30　项目品牌整合传播媒介方案

四、广告活动预算

广告活动预算是广告策划和执行过程中的关键部分，它涉及多个方面的费用支出，包括市场调研、创意设计、媒体投放、制作费用、促销活动等。一个合理的广告活动预算可以帮助企业有效分配资源，确保广告活动的顺利进行，并达到预期的宣传效果。

（一）预算构成要素

1. 市场调研费用

这是为了了解目标市场、消费者需求和竞争对手情况而进行的费用支出。市场调研需要通过问卷调查、访谈、数据分析等方式获取相关数据。

2. 广告制作成本

（1）创意设计：包括广告的概念创意、视觉设计（如海报设计、视频脚本撰写等）、文案撰写。如果聘请专业的广告创意公司，相关费用可能从几千元到数万元不等。

（2）广告素材制作：如摄影、摄像、录音、剪辑等。视频广告拍摄成本较高。设备租赁（如摄像机、灯光设备、稳定器等）可能每天就需要几千元。专业摄影师和摄像师的人工费用根据经验和知名度不同而不同。后期制作包括剪辑、特效添加、音频处理等。

（3）印刷制作：包括纸张、油墨、印刷设备等成本。

（4）物料制作：如促销品、赠品、展示架等。

3. 广告投放费用

（1）平台选择费用：不同的广告投放平台收费方式不同。在社交媒体平台如抖音、微博，主要有 CPC（每次点击成本）、CPM（每千次展示成本）等收费模式。如果是搜索引擎广告（如百度推广），关键词竞价是主要的收费方式。

（2）投放规模和时长费用：广告投放的规模越大、持续时间越长，费用越高。如果要在全国范围内投放运动品牌的广告，并且持续一个月，投放费用可能会达到几十万元甚至更多。例如，在一个二线城市投放户外广告（如公交站台广告），一个月的费用可能在 3 ~ 5 万元，而在一线城市投放大型户外广告牌，一个月的费用可能超过 10 万元。

4. 其他费用

活动场地租赁费用（如有线下活动，场地租赁是一笔重要开支）、活动道具和设备费用（购买活动相关器材、展示道具）、差旅费、通讯费、人员费用（活动中涉及的人员工资、奖金）等。

（二）预算分配策略

1. 目标导向分配

首先，根据广告活动的目标来分配预算。如果品牌的主要目标是提高品牌知名度，那么可能会将大部分预算（60% ~ 70%）分配到广告投放上，尤其是选择高曝光率的平台和广告形式（如大型户外广告、社交媒体信息流广告）的情况下。

其次，如果目标是促进产品销售，那么可能会把预算重点放在促销广告制作和投放上，包括制作吸引人的产品广告视频，突出产品优势和优惠活动，同时将预算的 30% ~ 40% 用于投放精准营销广告。

2. 平台和渠道分配

评估不同广告平台和渠道的效果后进行分配。对于运动品牌来说，如果抖音平台上的运动健身挑战赛广告效果很好，能够吸引大量年轻消费者，它们可能会将 40% ~ 50% 的投放预算分配到抖音。同时，考虑到传统媒体的影响力；会将 20% ~ 30% 的预算分配到电视广告或户外广告，用于覆盖更广泛的受众群体，剩下的预算可以分配到其他渠道，如杂志广告、电子邮件营销等。

3. 阶段分配

在广告活动的不同阶段合理分配预算。在预热阶段，将 30% 左右的预算用于市场调研和创意设计，制作预告广告。在活动执行阶段，将 60% 左右的预算用于广告投放和线下活动执行，确保活动的高曝光率和参与度。在后续跟进阶段，用 10% 左右的预算进行效果评估和反馈收集，为下一次广告活动作准备。

广告活动预算是一个复杂而细致的过程，需要充分考虑各个环节的成本和效益。

通过合理的预算规划和执行，可以确保广告活动的成功，并为企业带来良好的宣传效果。

第四节　广告推广平台差异性

广告活动最基本的功能是广告信息的传递，选择广告信息传递的媒介是广告运作中最重要的环节之一，也是广告媒介策略需要解决的问题。不同广告传播媒介在覆盖范围、受众特点、传播效果、成本以及广告形式和创意空间等方面存在差异。广告主在选择广告媒介时，需要根据自身需求和目标受众的特点进行综合考虑，选择合适的广告投放方式，以达到最佳的传播效果。

一、传统媒体平台

（一）电视媒体广告

电视广告集声音、图像、动画等多种元素于一体，能够生动形象地展示产品或服务，有普及率高、覆盖面广、影响力大、公信力强、成本较高等特点。

1. 受众特点

电视观众群体较为广泛，包括各个年龄段和社会阶层。不过，不同类型的节目会吸引不同的受众。例如，新闻节目观众以中老年人居多，他们更关注时事新闻资讯；而综艺节目则吸引了大量年轻人和家庭观众，他们希望通过节目进行放松和娱乐。

2. 广告形式与效果

电视广告形式主要包括插播广告、冠名广告、植入式广告等。插播广告在节目间隙播放，具有较高的曝光率，但可能会引起部分观众的反感。冠名广告则是品牌对节目进行冠名。

【案例赏析】

伊利金典牛奶连续冠名了四季《我是歌手》，如图 4–31 所示，这种广告形式能够让品牌与节目深度绑定，在节目播出的全过程中不断强化品牌形象。广告语“天籁之音，天赐好奶”在节目中反复出现，节目经典标志“7”的配色、舞台背景与场景布置都与金典品牌形象相契合。

植入式广告是将产品或品牌融入节目内容中，这种广告形式更加自然，但广告效果可能因植入的巧妙程度而异。《我是歌手》节目中，当歌手唱完歌后在休息区观赛时，金典机器人会上台为歌手送上牛奶，这一环节成为发布会的一大亮点。这种广告形式能够让品牌与节目紧密结合，让金典有机奶的品牌主张更加深入人心。电视广告的效果主要体现在品牌曝光和形象塑造方面，能够让品牌知名度在短时间内大大提高。

图 4-31　金典冠名《我是歌手》

（二）纸质媒体广告

纸质媒体广告分为报纸广告和杂志广告，报纸广告是刊登在报纸上的广告，以文字和图像为主要形式，能够针对特定读者群体进行精准投放。杂志广告是发布在杂志上的广告，通常具有更高的目标受众精准度，适合展示高品质、高档次的产品。

1. 受众特点

报纸的读者群体年龄层次相对偏高，他们更关注社会新闻、财经信息等内容。杂志广告针对性强，一般有明确的定位，如时尚杂志、体育杂志、财经杂志等，不同类型杂志有不同的受众。时尚杂志主要吸引年轻的时尚爱好者，他们对潮流资讯、美容护肤等内容感兴趣；而专业杂志，如汽车杂志、科技杂志等则主要供特定领域的专业人士或爱好者阅读。

2. 广告形式与效果

报纸广告主要有整版广告、半版广告、分类广告等形式。整版广告能够吸引较多的注意力，但成本较高。分类广告针对特定的产品或服务类别进行信息发布。杂志广告的形式更加多样化，包括封面广告、内页跨版广告、单页广告、封底广告等。杂志广告的印刷精美，质量较高，能够更好地展示产品的细节和品牌形象。纸质媒体广告的效果主要在于精准触达目标受众，对于一些特定领域的产品（如高端手表在时尚杂志做广告）能够发挥较好的宣传作用。

二、户外媒体平台

户外媒体广告形式以视觉为主，创意空间受限于媒介尺寸和位置，覆盖范围受地理位置限制，但视觉冲击力强，具有持续时间长、曝光率高的优势，能够长期吸引来往人群的注意。户外广告形式包括道路交通广告、大型广告牌、LED 显示屏、墙体广告等，位于公共场所，受众主要是流动人群，如行人、驾车人士等。

户外广告要在短时间内迅速吸引匆匆过客的注意，需要直截了当的表达方式，语言和视觉元素都需要言简意赅，广告制作得越简单、越大胆，就越容易成功。

【案例赏析】

小红书在新疆独库上线了一组户外广告创意，打破大众意识形态中常规的广告模式，采用现场实景占位的方式，让广告牌与山川、河流、草原等诸多景色融为一体，让广告呈现方式别具一格，极具辨识度，如图 4-32 所示。

图 4-32　小红书户外广告

（一）交通广告

交通广告包括公交车体广告、地铁广告、候车亭广告等，能够覆盖大量流动人群。首先，交通广告流动性强，交通工具在城市中穿梭运行，使得广告能够在不同的区域间传播，扩大广告的覆盖范围。其次，针对性好，不同类型的交通工具搭载的乘客具有一定的特征。例如，地铁广告可以针对城市上班族和年轻人群体，公交车广告则可以覆盖更广泛的市民群体，包括学生、上班族、老年人等。

【案例赏析】

国家反诈中心联合微信支付在广州地铁站、火车站投放“反诈视力表”。“快钱”“返利”“多金”几个字被放得极大，悬在巨幅视力表顶端，即使行人匆匆路过，也很难错过。顺着这些“小诱惑”往下看，越往下一层相应的字体也越小、越难被看清，“欺诈陷阱”的真实面随之显露出来：醒目的是谎言，真相却被刻意隐藏。该广告用视觉手法演绎公益知识，让公众透过自己的眼睛去体验、经历、反思。这种简单、直接、抓睛的表达，达到了满分的预警效果，如图 4-33 所示。

图 4-33 “反诈视力表”公益广告

（二）建筑物广告

建筑物广告是一种利用建筑物外立面、楼顶、内部空间等位置进行广告展示的形式。

1. 建筑物广告的特点

（1）视觉冲击力强。建筑物通常体积庞大，在城市环境中十分醒目。在建筑物上展示的广告面积较大，能够吸引大量行人及过往车辆的注意力，给人留下深刻印象。

（2）位置醒目。建筑物广告通常设置在高楼大厦的外立面、楼顶等位置，这些位置在城市环境中非常显眼，能够吸引远距离的目光，具有很强的视觉冲击力。

【案例赏析】

霸王茶姬长沙户外广告如图 4-34 所示，采用超大的 LED 广告屏进行展示，广告中杜甫的人物形象跨坐在杜甫江阁上，悠闲地喝着霸王茶姬，同时配有“古今共饮，逢君 CHAGEE”等文案，将国风美学和文化内涵融入其中，画面清晰、色彩鲜艳，视觉冲击力较强，能够吸引大量路人的目光。

该广告投放在长沙一家茶颜悦色门店的正上方，从视觉效果上看，巨大的广告屏幕使得下方的茶颜悦色门店显得格外渺小。从营销角度来看，霸王茶姬的这一操作无疑为两个品牌都带来了巨大的关注度，使双方的品牌曝光度都得到了提升。但稍有不慎，这则广告也可能对霸王茶姬品牌形象造成负面影响，让人质疑品牌的价值观和经营理念，其中的得失利弊需要谨慎考量。

图 4-34 霸王茶姬户外广告

（3）展示时间长。与一些时效性较强的广告媒介不同，建筑物广告一般展示周期较长，可以长期在城市景观中占据一席之地，不断强化品牌印象。

2. 广告形式与效果

（1）大型广告牌是通过巨大的画幅展示品牌形象或产品信息，是建筑物广告最常见的形式。大型广告牌可以采用霓虹灯、LED 显示屏等多种技术，增强广告的吸引力。

（2）墙体广告是在建筑物的墙体上绘制或张贴广告，墙体广告的形式可以根据墙体的形状、面积等进行灵活设计，并且可以与建筑物周围的环境相融合。

（3）投影广告是利用投影技术将广告内容投射到建筑物的外立面或其他大型平面上，形成巨大的、动态的光影效果。这种广告形式具有很强的视觉冲击力和新奇感，能在短时间内吸引大量人群的关注，通常适用于品牌推广、活动宣传等场景。

【案例赏析】

汇仁肾宝片“累点低”系列广告采用独特的视觉设计，将公交车身广告制作成油漆未铺满的效果，墙体海报只贴一半，广告文案巧妙地将这种形态与疲劳建立关联，精准触达当下“脆皮打工人”身体疲劳、能量不足的状态。广告的投放点瞄准商业楼、公交站、地铁站等上班通勤必经之路，这些地方人流量大、人群密集，且以上班族为主要群体，能够精准地触达目标受众，让广告更容易被看到，让目标用户产生共鸣，如图 4–35 所示。

图 4–35 “累点低”系列户外广告

三、社交媒体平台

社交媒体平台拥有海量的用户数据，这些广告可以根据用户的社交关系、兴趣爱好等精准定位进行投放，并且可以通过用户的分享、点赞等行为进行传播。社交媒体平台广告有图片广告、视频广告、文本广告、插屏广告、信息流广告、品牌宣传广告等形式。

（一）用户群体差异

不同的社交媒体平台吸引着不同类型的用户群体。例如，抖音的用户以年轻人为主，尤其是青少年群体，他们喜欢通过短视频的形式分享和获取有趣、新奇的内容，如舞蹈、音乐、生活小技巧等。微博的用户年龄层次较为广泛，既包括明星、网络红人以及各个领域的意见领袖，也包括其背后多元化的粉丝群体，覆盖不同年龄段和兴趣领域的人群。微博用户倾向于获取即时资讯、参与热门话题讨论。微信则几乎涵盖了所有年龄段的人群，其核心是基于熟人社交关系。用户在微信上更注重与亲朋好友之间的沟通交流，以及关注一些与自己生活息息相关的公众号信息。

（二）广告形式与效果差异

1. 抖音广告

抖音主要的广告形式有开屏广告、信息流广告、挑战赛等。开屏广告具有很强的视觉冲击力，能够在第一时间吸引用户的注意力。信息流广告则融入用户的视频浏览过程中，通过创意短视频的形式展示产品。挑战赛是抖音特有的广告形式，能够激发用户的参与热情。如抖音电商在 2024 年“双 11 大促”“运动户外品类日”节点发起的“百大运动玩咖挑战赛”，结合冬日运动趋势与场景，面向全抖音垂钓、跑步、骑行、滑雪及户外等运动类作者。该挑战赛吸引了超 5 000 位达人拍摄发布短视频，分享运动技巧或心得，输出 2 万多条优质短视频，话题曝光高达 6 亿次。活动期间运动户外赛道产品成交量环比增长 96%，参与品牌效益环比提升 213.6%，用户积极参与拍摄健身视频并带上品牌话题。这种互动式的广告形式可以迅速扩大品牌影响力，提高产品的曝光度。

2. 微博广告

微博广告形式多样，包括粉丝通（微博信息流广告）、话题推广等。粉丝通广告能够根据用户的兴趣、行为等标签进行精准投放，话题推广则可以借助热门话题的热度，让品牌信息得到更广泛的传播。例如，华为 Mate30 系列新品发布会通过微博粉丝通投放广告，针对粉丝、科技爱好者、年轻消费者等目标群体进行精准推送，同时结合“# 华为 Mate30 系列发布会 #”之类的话题推广，吸引用户参与讨论，从而提高品牌知名度。

3. 微信广告

微信广告形式主要包括朋友圈广告、公众号广告等。朋友圈广告以其原生性受到关注，能够精准定位用户的性别、年龄、兴趣爱好、活动范围、学历、手机型号等信息，灵活性与可控性都相对较强，涉及宣传、推广等范围的合作都可以投放，如门店开业、门店活动宣传、店庆、小程序推广等。公众号广告则可以根据公众号的类型和受众群体，有针对性地进行投放。

四、搜索引擎平台

当用户在搜索引擎中输入关键词时，搜索结果页面会展示广告，广告的展示顺序通常与广告主的出价和关键词的相关性有关。

（一）广告展示逻辑差异

以百度为例，其广告主要是基于用户的搜索关键词进行展示推荐。当用户在百度搜索框中输入关键词后，搜索引擎会根据关键词的相关性、广告主的出价等因素，在搜索结果页面展示相应的广告。这些广告通常会标注“广告”字样，与自然搜索结果区分开来。例如，当用户搜索“某地区旅游攻略”时，旅游公司的广告可能会出现在搜索结果的顶部或者侧边，广告内容与旅游攻略相关，如推荐旅游线路、旅游景点介绍、相关住宿等。

（二）广告效果评估差异

搜索引擎广告的效果评估主要基于关键词的点击率（CTR）、转化率（CVR）等相应指标。点击率反映了广告的吸引力，即有多少用户在看到广告后点击了该链接，转化率则衡量了广告引导用户完成预期的行为转化（如购买产品、注册会员等）的能力。广告主可以通过分析这些指标，调整广告投放策略，如优化关键词选择、调整出价等。例如，一个电商网站通过百度推广自己的产品，发现某个关键词的点击率非常高，但转化率较低，可以据此分析是广告文案的问题还是商品页面的问题，从而进行针对性的优化。

课内实践

一、拟项目实操

要求：根据“大广赛”或“学院奖”比赛既定的企业命题或者品牌制定的广告策略，撰写完整的广告创意活动的营销方案。可参照中国大学生广告艺术节学院奖的广告策划案银奖作品（指导老师：阮训苗 周家杰），如图 4-36 所示。

以 3 ~ 5 人的小组为单位，模拟真实的广告营销团队。由小组长为统筹，小组成员分工协作，每个成员承担不同的角色，如创意总监、市场分析师、文案策划、设计师等。在项目执行过程中，成员之间密切协作，共同完成目标受众分析、创意构思、营销预热与线上活动、创意体验与线下活动、媒介组合与预算等工作，培养团队协作和沟通能力。最后，每组共同完成一份广告创意营销，以 PPT 的形式提交广告提案。

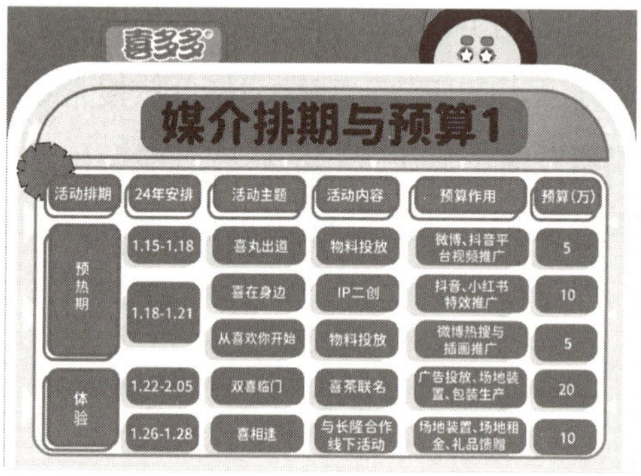

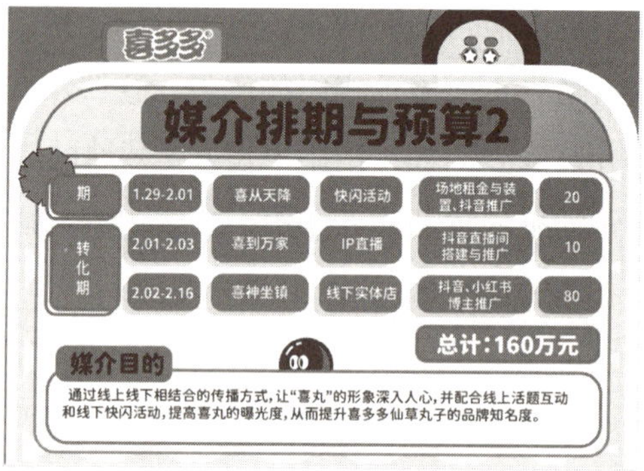

图 4-36　《喜多多品牌营销策划——喜丸养成计》(作者：朱子豪)

二、经典案例研究

要求：收集并分析大量成功的广告创意营销案例，特别是国内外知名品牌的经典营销案例。从案例中提炼其创意亮点、营销策略、目标受众定位、传播渠道选择以及取得的效果等，总结经验和可借鉴之处。另外，分析一些失败案例，探讨其失误原因，如在广告创意营销策略上存在严重失误，导致品牌形象受到严重影响等，吸取经验教训避免在自己的方案中重蹈覆辙。

三、你问我答

(1) 你是如何获得广告活动推广创意灵感的？有哪些方法可以帮助你在广告策划中寻找合适的目标消费者？

(2) 如何利用故事叙述来增强广告的吸引力？你认为一个引人入胜的故事对于广告的效果有何影响？

课外拓展

一、模仿与创新

挑选一则经典的广告案例，模仿这则广告的创意模式，并在模仿的基础上进行创新，设计制作三张系列创意海报。

经典选择：可口可乐的"Share a Coke"广告活动，其核心创意是在瓶身上印上常见的人名，鼓励人们与他人分享可乐。

模仿练习：在气泡水瓶身上印上流行的网络用语、励志短句等，让消费者在分享气泡水的同时，传递积极的情感和态度。

创新拓展：结合当下的元宇宙概念，推出虚拟气泡水，消费者可以在虚拟世界中拥有独特包装的气泡水，并与其他用户进行分享和互动。

要求：创意形式不限，海报设计要有一定的创意性，设计说明字数不能低于 100 字。绘制形式不限，海报作品要具备准确的传达性和形式美感。

二、多媒介创意实践

1. 短视频创意

以无糖气泡水为主题，要求参与者在 30 分钟内构思一个 15 ~ 30 秒的短视频广告创意。考虑到短视频平台的特点，如节奏快、趣味性强、互动性高，广告创意应当做到情节设计有趣、画面富有吸引力、文案简洁有力。例如，创作一个搞笑的剧情短视频，讲述一个人在喝了无糖气泡水后，获得了超能力般的清爽活力，完成了平时难以做到的事情。

2. 社交媒体创意

思考如何在社交媒体上推广无糖气泡水，设计一系列的社交媒体营销创意。例如，制作有趣的互动话题，如“分享你与无糖气泡水的夏日清爽瞬间”，鼓励用户发布照片或视频参与话题讨论；或者设计一些有趣的表情包，将气泡水的形象与流行文化元素相结合，增加品牌的传播度。

3. 户外广告创意

为无糖气泡水设计户外广告创意要考虑户外广告视觉冲击力强、信息简洁明了的特点。例如，在公交车站广告牌上设计一个巨大的无糖气泡水包装，采用特殊的材质和灯光效果，在夜晚也能吸引路人的目光；或者在繁华地段设置互动式户外广告，让路人可以通过手机扫码与广告进行互动，获取优惠券或品牌信息。

章节笔记

章节笔记

第五章

广告创意表现方式——好思路

Creative Expression of Advertising—Good Thinking

第一节　广告设计的风格

广告风格是指企业在其长期的广告诉求活动中，持之以恒地采用相同的表现手法，使其广告作品逐渐形成一种有别于同类品牌商品的独特的表现方式。

广告作品的风格决定了广告的视觉效果、传达的信息和品牌形象。一个出色的广告作品风格可以让品牌形象更加突出，让消费者对该品牌更有信心和好感。因此，广告人需要不断地探索适合品牌的广告作品风格，以吸引消费者的关注和兴趣。广告设计风格繁多，本节选取具有代表性的几种风格进行详细分析。

一、拟人风格

拟人型广告构思是以某种形象展现广告产品，使其带有某些人格化特征，即以人物的某些特征形象化地阐明产品。这种类型的广告构思使产品更加生动，给受众留下深刻形象，同时利用常见的事物对艰深的道理加以阐明，协助受众深化认识。

拟人手法在广告设计中的应用，关键在于有机运用这些设计元素，并将它们转化成拟人化形象，以更好地表情达意，呈现出有意义的视觉形象。

【案例赏析】

案例 1：啤酒品牌布哈马（Brahma）运用拟人化手法，为其罐装啤酒设计了多种个性化的外型，增加了品牌视觉的趣味性，如图 5-1 所示。

图 5-1　布哈马广告设计

案例2：作为全球知名的巧克力豆品牌，M&M's的产品深受大众喜爱，该品牌打造的巧克力豆的IP形象同样广受欢迎。尤其是在广告创意方面，采用巧克力豆拟人化的演绎形式，令人印象深刻，如图5-2所示。

图5-2　M&M's广告设计

案例3：奥利奥联合十位设计师，选取DISCOVER、CRUNCH、TWIST、DREAM等奥利奥所具备的关键词，设计了一套创意十足的拟人化插画海报，色彩斑斓，妙趣横生，如图5-3所示。

图5-3　奥利奥海报设计

二、怀旧复古

在复古风格的广告设计中，通常会使用过去流行的文字、图像、配色方案等元素来吸引眼球，品牌通过具有时代感的元素激发消费者的怀旧心理。复古广告可以营造出传统、温馨或古朴的氛围，或者让人们回忆起过去的时光，感受到旧时光的魅力和美好。

从商业角度来说，品牌若能成功重现复古元素，就能获取更高的品牌认同度，甚至可以提高销售量。

每个年代都有属于他们的审美和文化情绪，对年轻人来说，过去年代的生活方式和物件是新鲜十足的，而对过来人来说，这种情绪是对过去时光的浪漫回溯。

【案例赏析】

案例 1：中华老字号食品品牌五芳斋新年主题的海报设计如图 5–4 所示。这组海报运用民国复古的版式及色彩元素，调动起人们的怀旧情绪，形成有效的视觉传播。

图 5–4　五芳斋海报设计

案例 2：凉茶品牌王老吉与护肤品牌科颜氏的联名合作，以“金盏花凉茶铺”为主题，采用国潮复古设计风格。复古的店铺招牌、饮品箱子，以及红蓝色的椅子，集中展示了 20 世纪的流行风格，如图 5–5、图 5–6 所示。

案例 3：茶饮品牌喜茶将产品和复古元素融入海报设计，唤醒黄金年代的集体记忆，使品牌和消费者形成完美的视觉互动，如图 5–7 所示。

图 5–5　凉茶铺店面设计

图 5–6　凉茶铺海报设计

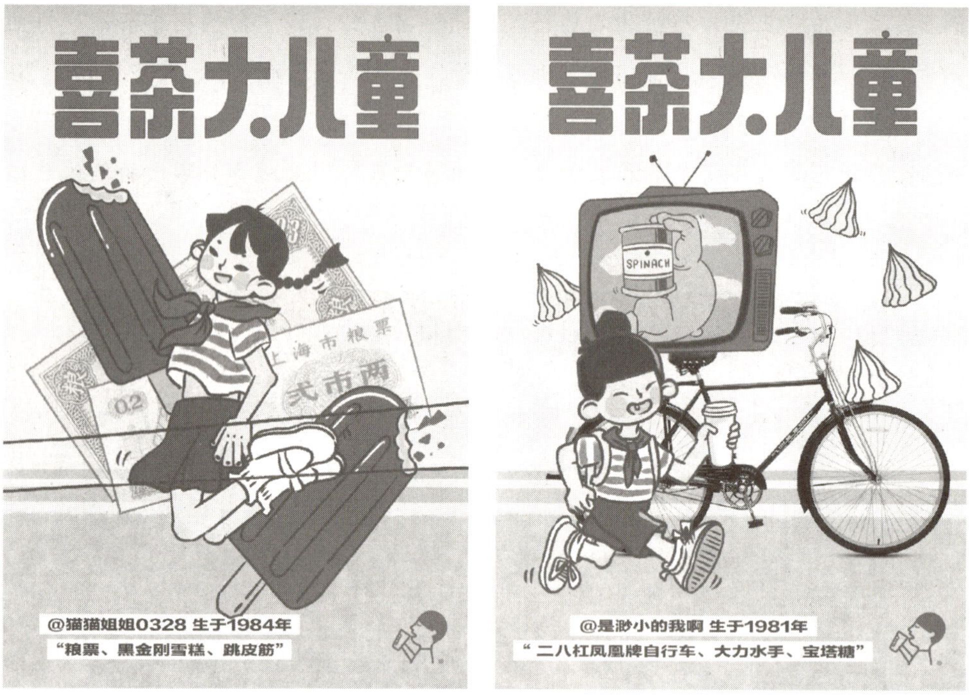

图 5-7　喜茶海报设计

三、诙谐幽默

诙谐幽默的广告风格在现代广告领域中被大量运用，其调节情绪、平和心态的功效已为大众所认同。其趣味的呈现形式和愉悦的沟通特质，能有效激发联想、强化记忆、博得信任，成为人们喜闻乐见的一种广告形式。

就广告语言的艺术来说，把握内容的趣味深度比单纯追求美感更为重要，广告不是单纯供人欣赏的艺术品，而是要通过艺术感染力唤起消费者的兴致与购买欲望。

【案例赏析】

案例 1：西班牙糖果品牌珍宝珠推出的幽默风格系列广告如图 5-8 所示，传达出的产品理念是：在繁忙的生活和工作中，只要吃上珍宝珠棒棒糖，糖果带来的甜蜜可以马上让你远离琐事的烦恼。

案例 2：快餐品牌麦当劳通过绘画的形式修饰食物，趣味十足，营造轻松愉悦的品牌氛围，如图 5-9 所示。

案例 3：番茄酱品牌亨氏（Heinz）推出一则广告，理念围绕“牛排和薯条如果不蘸着亨氏番茄酱吃的话，就如同吃纸板，索然无味”，运用了幽默夸张的手法表现出品牌特色，如图 5-10 所示。

图 5-8　珍宝珠广告设计

图 5-9　麦当劳广告设计

图 5-10　亨氏番茄酱广告设计

四、唯美极致

唯美化风格广告通过运用综合性的艺术手段，探求广告中语汇、色彩、画面等与品牌价值的内在联系，表现品牌产品超然于生活的纯粹艺术、文化之美，是艺术、品位、精神认同与品牌特色相融合的一种设计方式。

从视觉语言上来看，大多数唯美化风格的广告讲求意境美，大大增加了广告作品的艺术感染力，使消费者在享受美感的同时对广告信息产生好感，通过唯美的画面和迷人的意境来感染消费者，以不俗的品位情调来吸引消费者。

【案例赏析】

案例 1：纪录片《如果国宝会说话》系列的海报设计如图 5-11 所示，唯美的画面表达为观者带来惊艳的视觉效果。海报采用朱、黄、青、绿四种传统颜色，毛笔勾勒出不同的文物，跃然于水面。水墨丹青遇上古典文物，共同谱写一曲跨越千年的乐章，展现浓浓的中国韵味。

案例 2：短视频平台抖音推出的“非遗合伙人计划”海报如图 5-12 所示，海报设计选取了具有代表性的民俗工艺品，从物件本身出发，赋予物件“一件倾心”的情感表达，增强内容的沟通感，引发用户共鸣，唯美的画面意境体现了抖音“记录美好生活”的品牌理念。

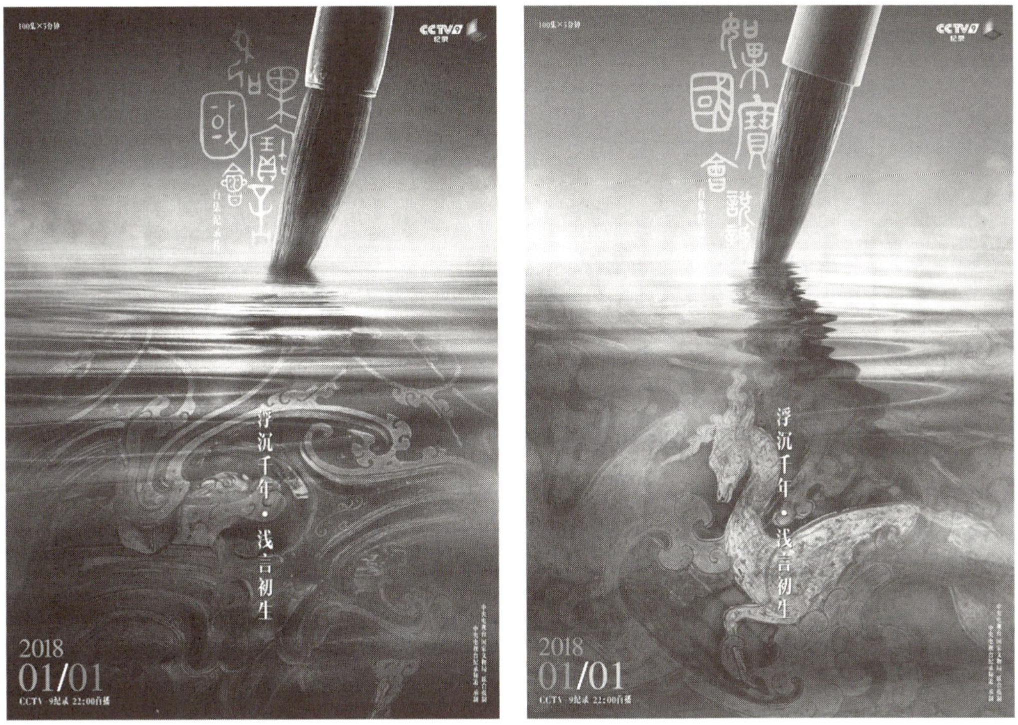

图 5-11 《如果国宝会说话》系列海报设计

图 5-12 “非遗合伙人计划”系列海报设计

案例 3：化妆品品牌百雀羚“三生花”系列广告将东方韵味融入产品设计中，柔和优雅，馥郁芬芳，诠释女性的时尚新姿态，如图 5-13 所示。

图 5-13 “三生花”系列广告设计

五、酸性风格

酸性风格源于西方 20 世纪 60 年代的迷幻摇滚（Acid Rock）文化，后被设计师通过视觉形式呈现出来。从视觉风格上看，它的图形风格包括光面折射色彩、实验性版式、欧普艺术风格图案、科幻未来主义、复古风格、带有反乌托邦色彩的天空和沙漠场景等主要表现形式。酸性风格不断发展演变，在保留原有风格特点的基础上，融合数字技术，在现代平面海报设计中大量出现。

酸性风格美学特征明显，极具层次感与吸引力，在艺术、音乐和潮流等品牌中被广泛应用。总体来说有五大特征：镭射金属、霓虹色彩、玻璃质感、哥特字体、锋利的几何。这些特征共同构建出其独特的视觉效果，如图 5-14 所示。

酸性设计中多使用高明度、高饱和度的渐变色和对比色，营造炫酷的效果，通过色彩的反差对比打造科技感和未来感，使画面充满想象力和视觉冲击力，如图 5-15、图 5-16 所示。

图 5-14　酸性风格海报设计

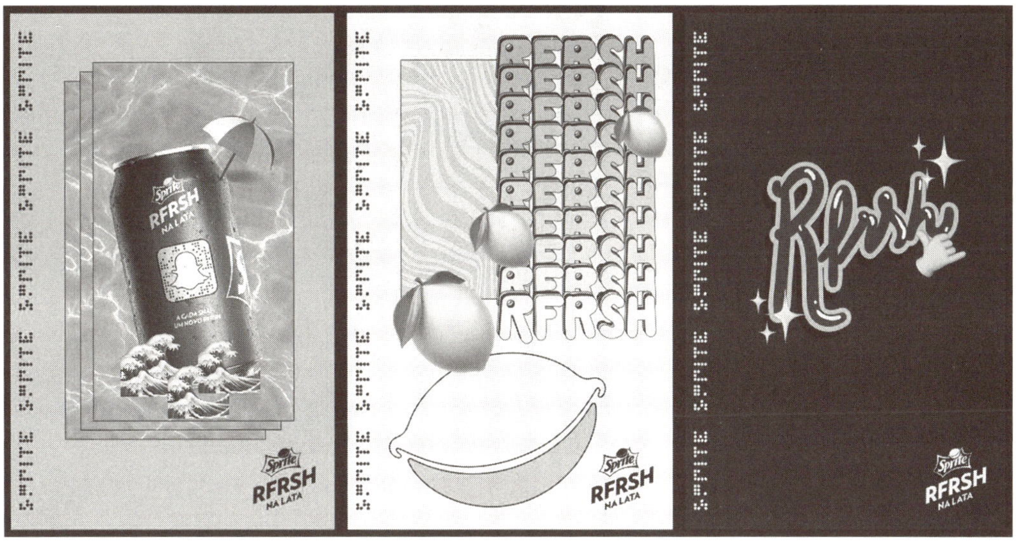

图 5-15　雪碧品牌广告设计

图 5-16　挪威设计师马格努斯 · 沃尔 · 马蒂亚森为第 93 届奥斯卡金像奖创作的海报

同时，酸性设计风格也有自身的局限性。酸性设计以强视觉表现为核心，信息传达就会相对减弱。因此应用这种风格需要考虑到产品的用户定位和宣传目标。

【案例赏析】

喜茶品牌推出酸性风格系列海报，呈现金属液体质感包裹住水果果肉，如同顺滑浓郁的茶底与芝士交织包裹着新鲜果肉；科幻风格的字体按钮设计配合金属质感、渐变高光和酸性视觉元素，共同营造出强烈的科技感，如图 5-17 所示。

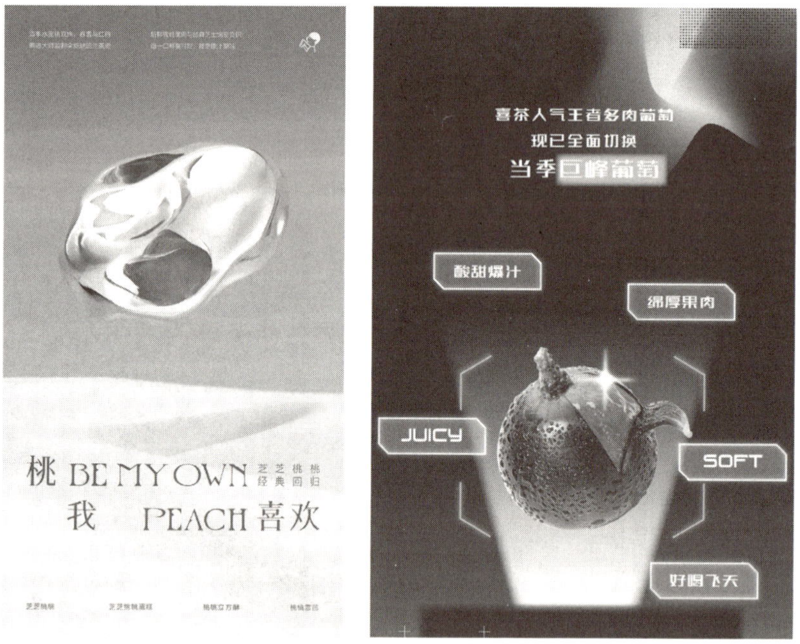

图 5-17　喜茶酸性风格海报设计

第二节　广告创意表现手法

广告需要灵活运用各种技巧和手法，在抽象概念具像化的广告创意过程中，创新性地运用视觉语言，精致、巧妙地进行信息建构。本节主要分析以文字、色彩、绘画、摄影作为主要设计元素的创意广告设计，详细阐述只有将多种表现手法融入广告设计中，形成独特的艺术性、技术性、潮流性，广告作品才能激发受众的审美动机和购买欲望，实现广告传播的目的。

一、以文字变化为主

在广告设计的视觉表现中，文字的表现力与版式设计息息相关。以文字变化为主的创意表现，需要打造活跃的版式、丰富的内容、强大的艺术表现力和强烈的视觉冲击感，以此增强对消费者的吸引力。文字元素的流畅布局有助于协调部分与整体，平衡各个元素，让广告创意实现较好的整体发挥。

文字元素的创新运用是广告设计的有效表现手法，且文字设计应当与独特风格相结合，没有独特风格的文字运用难以拥有记忆点。文字在版式设计中不仅要方便阅读，而且要形成视觉美感，在变化中寻求统一和秩序，以免变化过多使观众视觉疲劳，如图 5-18 所示。

图 5-18 以文字元素为主的海报设计

【案例赏析】

案例 1：图 5-19 所示为洁牙线广告，没有出现任何牙齿口腔的照片，巧妙地避开了画面处理的技术难度，而是让“齒”字直接成了最核心的图形。广告想要表现的是，用牙线可以清洁牙缝中的残留食物，于是让一条细细的绿线在“齒”字的空隙中自如穿梭，既传递了产品深度清洁的优点，又让广告具有可看性。

案例 2：图 5-20 所示为禁止酒驾主题的公益广告，也是将文字作为视觉元素的典型设计案例。为了劝导公众不要过量饮酒，更不要酒后驾车，对酗酒的后果进行视觉化表现。画面中的文案设计成模糊与叠影的效果，模拟人们在喝醉后看到的画面，让读者感到头晕目眩，从而起到更为直观的警醒作用。

图 5-19 洁牙线广告设计

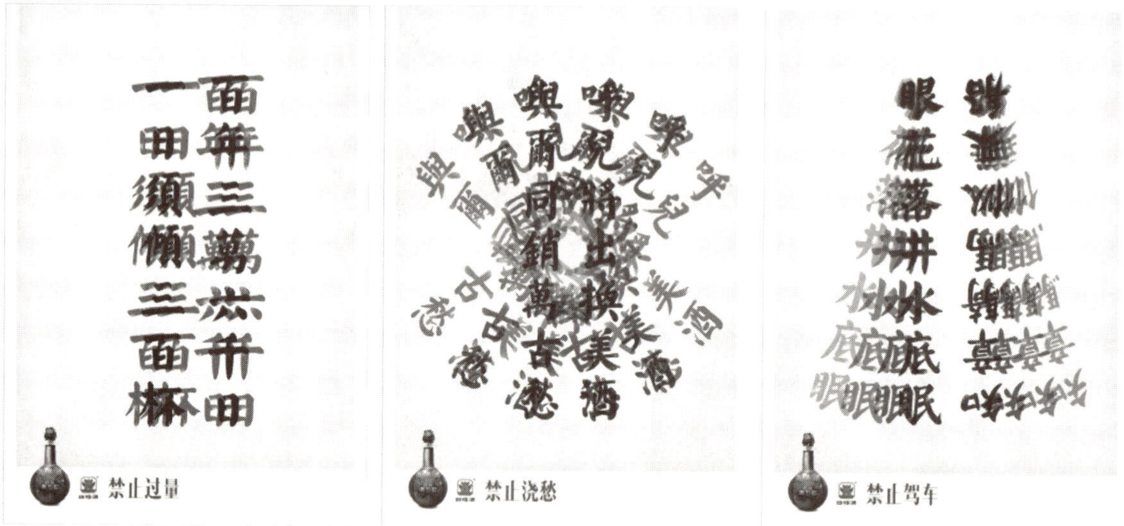

图 5-20 禁止酒驾公益广告设计

案例 3：诚品书店品牌视觉广告设计中的文字元素生动活泼、跳跃明快，有鲜明的节奏韵律感，文字设计遵从广告宣传内容的要求。排版布局有松有弛，具有强烈的视觉“撞击”力，让人印象深刻，如图 5-21 所示。

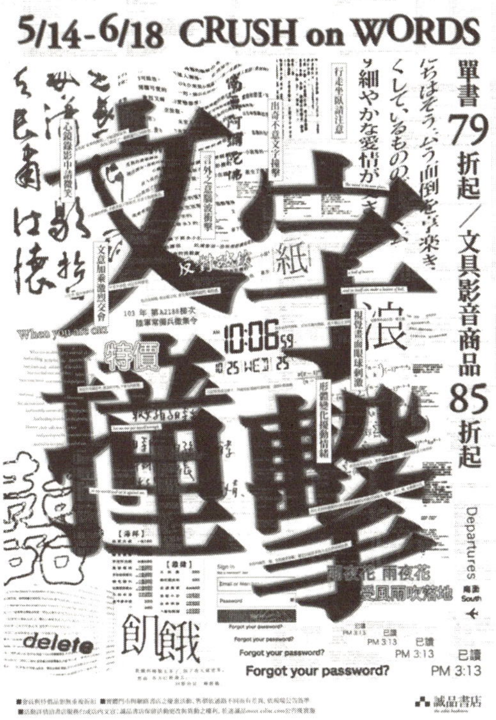

图 5-21　诚品书店广告设计

二、以色彩表现为主

色彩在广告设计中能够形象地反映品牌特征和面貌，是最为直观的品牌文化载体。因此，从色彩设计的角度而言，基本色调是一种融合性语言，从中能够诠释出该品牌的产品特色和企业理念，从而使设计符合这一品牌受众的消费和审美观念。

【案例赏析】

案例 1：啤酒品牌雪花的视觉设计结合广告文案及产品特色，巧妙运用缤纷的色彩和图形元素，形成雪花主题纹样，画面效果醒目、和谐、富有美感。恰当的鲜艳、明快、和谐的色彩组合能够吸引消费者的关注，如图 5-22 所示。

案例 2：日本平面设计师秋山孝创作了大量以生态环境为主题的海报，如图 5-23 所示。他擅长以轻松幽默的形式和明亮饱满的色彩来表达生态环境、社会问题等严肃的主题。色彩虽然绚丽明艳，但实则遵循色彩运用法则，整体色调和谐统一，极具表现力。海报设计通过色彩运用与短线条运用使画面更具温度，其创作理念为“把严肃的大事件用很轻松的方式表现，让人看完后有很深的印象，又不构成负担”。

图 5-22　雪花啤酒广告设计

图 5-23　环境保护主题海报设计

三、以绘画方式为主

绘画方式作为基本手法，在现代广告设计中的表现核心是图案立意。图案立意的原则是整体风格遵循品牌文化的特点，同时运用各种绘画技术手段，并兼顾时代审美取向，三者合一，形成多维一体，集艺术性、原创性和时代性完美融合的设计语言表达方式。

在视觉语言中，创新运用有代表性品牌文化内涵的图案、图形、图像元素是以绘画方式为主的广告设计的基础组成部分，同时又具有特异性。其特异性元素与现代设计理念以及符合大众审美取向的构思相结合，形成独树一帜、具有品牌特征、符合现代审美观点、理想的广告设计风格。

【案例赏析】

案例 1：阿尔丰斯·穆夏（Alphonse Mucha）的作品《默兹的啤酒》如图 5-24 所示，穆夏通过诠释“女人”与“植物”两者的形象来表现品牌产品特征，招贴画中，圆与曲线的大量的运用，使画面呈现出圆满的风格，采用对比烘托的手法，以人托酒，表现出该红酒特色鲜明、独树一帜。

案例 2：联想品牌运用手绘插画的形式，呈现出古人手持现代科技产品，穿梭于神话故事的场景，如图 5-25 所示。

案例 3：必胜客品牌采用插画的方式，结合传统元素，描绘了中国春节的热闹景象，如图 5-26 所示。

图 5-24 《默兹的啤酒》

图 5-25　联想手绘风格广告

图 5-26 必胜客手绘风格广告

四、以摄影手法为主

广告摄影是以现代科学技术为基础，以影像文化为背景，以视觉传达理论为支点，服务于商业行为和目的，广泛应用于平面广告中的图片技术与艺术。就其属性而言，广告摄影具有商业性、形象性和表现性等特点。它是一门商业的艺术，以传播广告信息为根本动机，以满足受众群体需求为根本目的，关注广告传播的效果与影响。广告摄影只有具备信息价值，所传递的广告信息清晰、准确，传播效果优良，才能有效完成或促进商品销售的任务。因此，广告摄影的商业性特征必将带有明确的功利性。

【案例赏析】

《国家地理》杂志与汽车品牌路虎中国跨界合作推出联名广告，如图 5-27 所示，运用摄影技术将奇难险峻的地形在海报中展现出来，且路虎“无所不至、永不止步”的品牌理念与《国家地理》杂志的目标受众高度契合。

图 5-27 《国家地理》与路虎中国联名广告

除了商业性特征外，形象性、表现性也是广告摄影的另一重要特征。在表达形象性方面，图像比文字有着更强的表现力。不同年龄、不同文化背景、不同民族、不同地域的人都能几乎无障碍地理解图像所传达的信息内容。因此，广告摄影在宣传商品、服务或信息时的交流障碍很小，具体的、逼真的图片相比其他传播方式而言更加生动和感人，如图 5–28、图 5–29 所示。

图 5–28 《国家地理》守护动物天性主题海报

图 5–29 污染与自然的融合主题海报

随着广告摄影艺术的发展，现代视觉传达设计理论的介入与影响，加之新兴技术的运用，广告摄影有了更为广阔的表现空间，其表现性已经远远超出了人类肉眼的视野范围及视觉经验，原本抽象的事物变得具体、可信且具有艺术性。

第三节　广告活动中的文创设计

文创设计即文化创意设计，文化创意设计的关键在于，经由元素的萃取与转化，形成一种内化于既有文化本质，而形塑于创意价值的新设计，既保有文化的核心价值，又符合当下市场需求。文化创意产业包括广播影视、动漫、音像、传媒、视觉艺术、表演艺术、工艺与设计、雕塑、环境艺术和计算机服务等方面的创意群体。

在广告设计中应用文化创意意味着融入诸多文化方面的价值，再借助各种现代媒介向消费者进行传播。现如今，在各种商业行为以及活动中，都可以看到文化元素的影子。本节以企业项目“张家界武陵原生食品品牌营销方案”为例，主要从文化创意设计中的品牌推广形象和品牌物料设计进行分析。

一、品牌推广形象

推广品牌是让消费者了解、认知，并最终选择品牌的关键步骤。在当今激烈的市场竞争中，品牌推广的重要性不言而喻。一旦成功地推广了品牌，企业就能在消费者心目中留下深刻的印象，进而增强品牌忠诚度和竞争优势。然而，品牌推广并非一蹴而就，需要通过各种方式积极推动。

（一）品牌形象的重要性

品牌形象是指消费者对品牌的印象和感受，这种印象可以通过品牌的外观、标志、口号、广告等方式生成。优质的品牌形象可以在消费者心中留下深刻的印象，并推动消费者做出购买决策。

（二）品牌推广策略

1. 锁定目标群体

寻找准确的客户群体，分析并了解其需求和痛点，以让品牌更加贴近客户，并满足客户需求。同时，对行业中的领头羊要给予特别的关注，以保持品牌在行业中的竞争力，如图 5-30 所示。

2. 品牌整合营销

品牌整合营销是指将品牌推广与其他营销活动相结合，如实地反映企业的价值观，并能够与其他市场战略协同作用。在网站、社交媒体、线下广告等平台，利用网络媒体、传统媒体、口碑传播等方式，通过多种渠道多维度强化品牌形象传播，如图 5-31 所示。

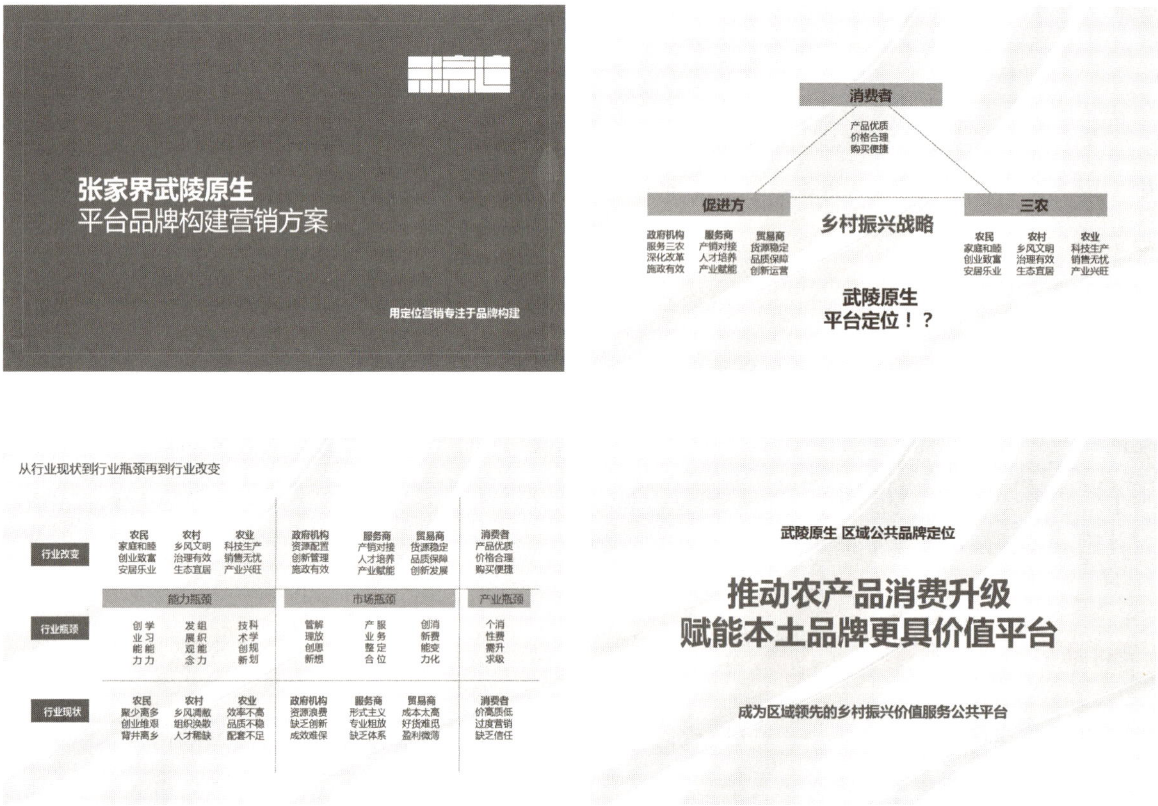

图 5-30　张家界“武陵原生”品牌定位分析

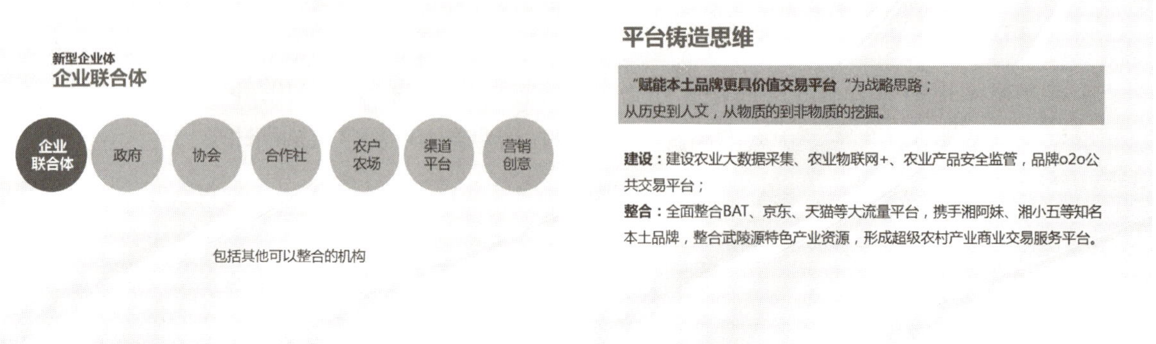

图 5-31　张家界“武陵原生”品牌整合营销策略

3. 抓住心理需求

深入了解消费者的购物行为和心理条件，及时推出符合用户需求的新品和活动，能够获得用户关注。品牌可以与消费者和其他核心利益相关者进行互动，帮助他们解决实际问题，发现和分享真正有价值的东西，打造品牌更深层的意义和力量，如图 5–32 所示。

4. 强化品牌价值

通过资讯、专访、新闻发布等多种方式，向公众传递企业文化和业务信息，提高消费者对品牌的认知度和好感度；同时利用公益活动加强品牌形象的传播，提高品牌的社会价值，如图 5–33 所示。

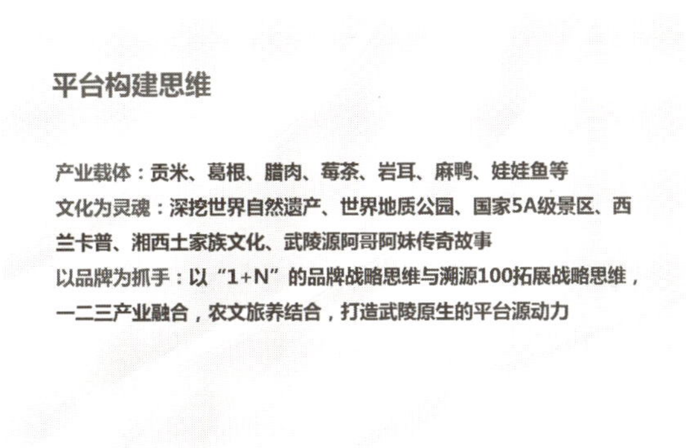

图 5–32　张家界“武陵原生”品牌需求分析

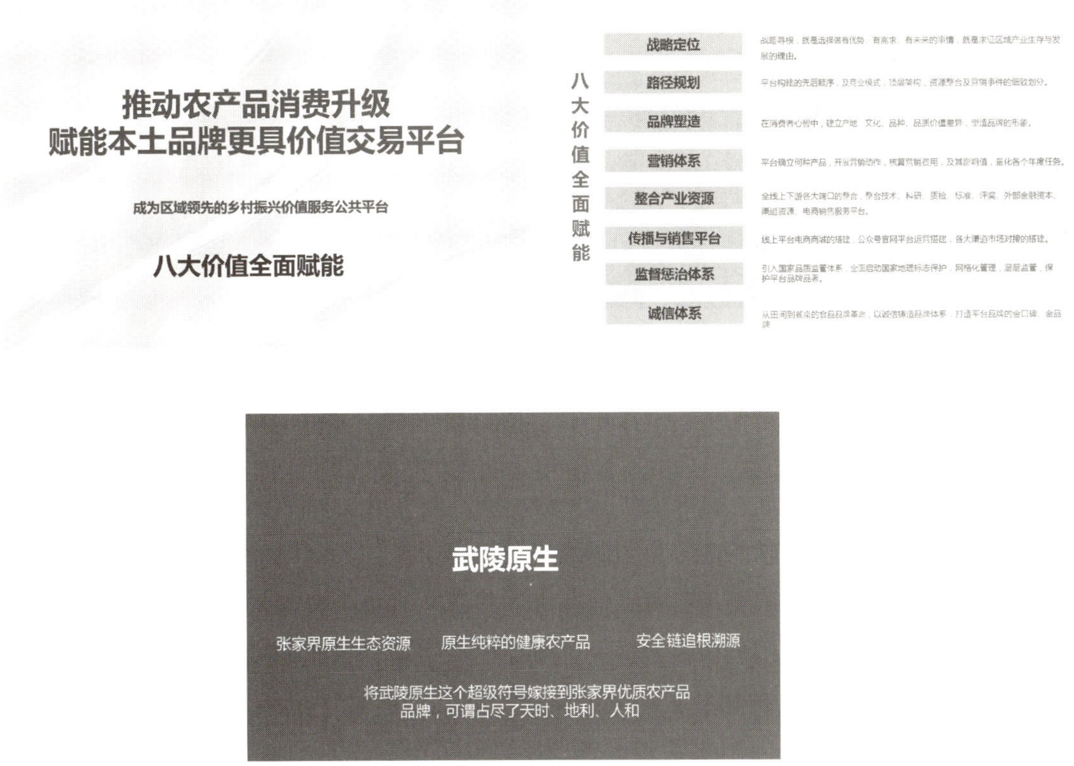

图 5–33　张家界“武陵原生”品牌价值分析

品牌推广是提高企业认知度和销售额的重要方法之一。无论企业使用哪种策略或方法，重要的是确定目标客户、提升品牌形象和建立品牌声誉。成功的品牌推广需要不断的实践和调整，以确保它们的有效性和影响力。通过打造具有影响力、整合性和高度可识别的品牌，企业可以获得消费者的信任并取得成功。

二、品牌物料设计

品牌物料是指向目标受众以及潜在受众展示企业形象及产品的材料，即品牌在对外宣传推广时所产生的广告物料，比如海报设计、画册设计、网站设计、宣传折页设计等，借此传达信息，提升宣传效果。

（一）美学原则

品牌物料设计作为信息交流的重要载体，其宣传材料设计需遵循美学原则，做到新颖且漂亮。新颖在于突破传统，融合流行元素与品牌内涵，以独特色彩、图形设计吸引顾客；漂亮强调整体和谐美感，布局合理有序，文字排版清晰易读，图片选择与处理精良，且注重细节雕琢，如此才能吸引顾客目光，留下良好印象，为品牌发展助力，如图 5-34 所示。

图 5-34　张家界“武陵原生”品牌设计理念

（二）简明原则

据数据统计，随着生活节奏的加快，人类观察一件事物的时间不超过 10 秒，简洁的信息、清晰的内容、明确的主题更容易抓住大众眼球并被记住，主题明确更是简明原则的核心要求。每一份品牌物料都应有一个清晰明确的主题，所有的设计元素和信息都应围绕该主题展开，避免出现主题分散或模糊不清的情况。例如，品牌新品推广的宣传物料，主题应聚焦于新品的特性、优势和亮点，从视觉设计到文案撰写都要紧密围绕这一主题，让受众一眼就能明白宣传的核心目的，如图 5-35 所示。

图 5-35　张家界“武陵原生”品牌标志视觉效果

（三）轻量化原则

在制作宣传材料时，基于轻量化原则，应着重考量其外形设计，力求实现轻巧紧凑的构造，如此一来，不仅能有效降低材料自身的重量与体积，还能极大提升其便携性，方便受众在各种场景下轻松携带，如图 5-36 所示。

图 5-36　张家界“武陵原生”品牌宣传单、三折页设计

（四）独特原则

视觉体验感较强的宣传内容能够吸引用户眼球，在众多传播物料中脱颖而出。设计品牌物料应当主题鲜明，包含创意图案，采用创新性的图像排版和色彩搭配方式，配合吸睛的标语口号，打造与众不同的品牌物料。

【案例赏析】

2024 年中国大学生广告艺术节学院奖的全国赛银奖获奖作品，“喜多多品牌营销策划——喜丸养成计”的海报设计非常有趣，如图 5-37 所示。仙草丸子与喜茶两个品牌联名，寓意“双喜临门”，满足人们对美好生活的向往，同时实现了品牌销量的增长。

图 5-37　喜多多品牌营销策划——喜丸养成计

（作者：朱子豪；指导老师：阮训苗、周家杰）

（五）实用原则

品牌宣传材料设计兼顾实用功能与审美价值，能有效促进消费者的使用和品牌传播。例如，将品牌的标志或其他代表品牌形象的元素融入日常用品，如环保袋、明信片、眼镜布、小台历、鼠标垫、笔记本、圆珠笔、钥匙扣等，通过精美制作满足日常需求，实现润物细无声的营销效果，如图 5-38 所示。

图 5-38　张家界“武陵原生”品牌宣传材料设计

课内实践

一、广告策划营销活动创意设计

要求：根据“大广赛”或“学院奖”比赛既定的企业命题或者品牌制定的广告策略推广活动，运用文字、色彩、绘画与摄影相结合的方式，创作 2 ~ 3 幅系列海报作品；结合相应活动进行品牌推广及文创设计。作品内容须突出活动的内涵及特色，紧密结合主题，以吸引消费者互动参与、增加品牌流量、促进销售为目标。

二、酸性风格广告创意训练

要求：自行选择一个品牌，为其创作一幅酸性风格的广告创意海报，需要做到品牌特色突出、风格属性明显。作品尺寸为 21 cm × 29.7 cm（A4 纸张大小）。

三、你问我答

（1）广告设计中如何选择合适的风格？

（2）广告设计中的品牌物料设计主要包括哪些方面？列举一个知名品牌的物料设计并分析其优缺点。

课外拓展

（1）收集生活中常见的广告创意设计作品，分析其创意思维路径与表现方法。

（2）为家乡的民俗文化或特色饮食制作形象推广策划方案，以 PPT 的形式呈现，可适当融入品牌物料设计。方案需体现主题价值和意义，定位准确，诉求有力。

章节笔记

第六章

民族文化与广告创意——好传承

Ethnic Culture and Advertising Creativity—Good Inheritance

民族文化指各民族在历史发展中创造的物质文化和精神文化，包含衣食住行、文字、科学、艺术、哲学、宗教、风俗、节日等，实质反映着当时社会的发展水平。因此消费者处于特定历史阶段时，就会产生相应的文化需求。中华民族文化凭借其独有的价值取向、思维方式、信仰模式和审美趣味，塑造着消费者的价值取向和生活方式。

【案例赏析】

公益广告《中国人的筷子》如图 6-1 所示，向大众展现了源远流长的筷子文化，看似平淡无奇的筷子实则有着丰富的文化内涵。中国人历来讲究“讨口彩”，筷子有“快生贵子，快快乐乐，五子登科”等好寓意，十双筷子有“十全十美”的意思。聚餐制的饮食传统体现了中国人重视家族亲情的文化内核。广告中呈现了启迪、传承、明礼、关爱、守望、睦邻六个由筷子引发的故事，让这承载中国数千年情感的饮食工具，深深打动观者。

图 6-1 《中国人的筷子》公益广告

广告的创意来源于生活，一个民族独特的文化能够拓展创意维度，提升广告的独特性、吸引力和竞争力，真正做到深入人心。富含民族文化底蕴的创意既能带给消费者独特的感官体验和精神共鸣，又因兼具文化根基与时代精神，能够获得不同文化背景、不同市场的消费者的支持。这种创意方式既能成就成功的广告，又能促进民族文化的传播与传承。

第一节 地域文化与广告创意

一、地域文化的广告价值

地域文化是指在一定地理区域内，经过长时间的历史沉淀和积累形成的独特的文化传统和文化形态。这种文化传统和文化形态具有鲜明的地域特色和独特的文化价值，是地域经济发展的重要资源和品牌。在广告创意中，地域文化的价值主要体现在以下几个方面。

（一）提升品牌形象

在广告创意中巧妙地运用地域文化元素，可以提升品牌的形象和认知度。地域文化元素的运用可以让消费者将品牌与地域文化联系起来，从而增强对品牌的信任感和认同感。挖掘具有代表性的文化元素和文化符号，如历史传统、地理特征、民俗风情等，并将其有机融入品牌形象和产品特性之中。

【案例赏析】

《界止味道》是东莞形意达设计公司为张家界的地域特色食品打造的品牌，如图 6–2 所示。通过提取张家界旅游元素，如喀斯特地貌、吊脚楼、神秘的湘西文化、特色饮食文化，以及传统礼仪习俗等，强化了品牌的地域特色与文化形象。

图 6–2 《界止味道》创意海报

（二）表现品质和特色

地域文化具有独特的品质和特色，这些品质和特色可以成为广告创意中的重要素材，让消费者更好地了解产品的特点和价值，从而增强产品的吸引力。地域文化宛如一座丰富的创意宝库，为广告创意提供了取之不尽的重要素材。比如江南水乡文化，其温婉细腻、精致典雅的品质，可融入丝绸产品的广告中。通过展现水乡的旖旎风光、传统织造工艺，消费者直观感受到丝绸的柔滑质感与精湛技艺。又或西北的豪迈粗犷文化，用于牛肉干广告，能凸显产品的大气与醇厚风味。如此，地域文化助力消费者深入了解产品特点与价值，大大增强产品吸引力。

【案例赏析】

图 6-3 所示的泰国咖啡豆包装曾获 2018 年红点奖，将咖啡豆的生长环境、手工采摘的咖啡豆和当地劳动者相结合，一起呈现在包装上，向消费者传达产品的品质和特色，进而打动消费者。

图 6-3　泰国咖啡豆包装

1. 呈现原材料的品质

许多地域文化中都有其独特的原材料和生产工艺，这些原材料和生产工艺可以成为表现产品品质和特色的重要素材。

以咖啡广告为例，深入原材料产地拍摄取材过程，直观呈现品质。拍摄咖啡豆生长在高海拔热带雨林，果农手工采摘成熟咖啡果，镜头聚焦饱满果实，配旁白“精选高海拔雨林咖啡果，手工采摘，只取当季最饱满果实，从源头把控品质”，让消费者看到原料的天然优质。

【案例赏析】

在宣传茶叶的广告中，可以突出茶叶的产地、采摘时间和工艺等特点，让消费者感受到产品的品质和特色。图 6-4 的茶叶广告通过展现茶的原生态生长环境、茶园的规模、人工采摘的场景来体现茶叶的优良品质。

图 6-4　茶叶广告

2. 呈现传统手工艺

地域文化中传承的传统手工艺和制作技艺往往可以成为表达产品品质和特色的重要方式。例如，在宣传传统手工艺品时，可以呈现手工艺品的制作过程、传统材料的应用等，让消费者感受到产品的品质和特色。

【案例赏析】

掌生谷粒品牌坚信，最好的营销就是做真实独特的自己。基于创始人的生活积累与体验，他们开创了独具特色的商业模式。品牌整体风格质朴温和，那些带着粗糙触感的牛皮纸包装，配以温暖走心的文案，直击消费者内心。手工捆扎的纸藤、绵纸标签上的毛笔字故事、严谨的手工称重包装，都让每包米承载着当季最深厚的情感，如图 6–5 所示。消费者不仅品尝到大米的本味，更是从真实动人的故事中获得心理满足。

图 6–5 掌生谷粒品牌

3. 呈现产品的地域特色

在广告创意中，可以呈现产品的地域特色和风格，让消费者感受到产品的品质和特色。例如，在宣传地方美食的广告中，可以呈现产品的制作过程、选用材料、口味特点等，让消费者感受到产品的地域特色和品质，从而提升品牌形象和认知度。

【案例赏析】

2023 年金点设计奖包装获奖作品——塭稻水产以“会跳才新鲜”作为设计概念主轴，印刷上使用特色金、烫金，渔网采用网版印刷，某些角度呈现炫金效果，就像真的渔网一般，非常准确地体现了地域文化的独特性和产品卖点，如图 6–6 所示。

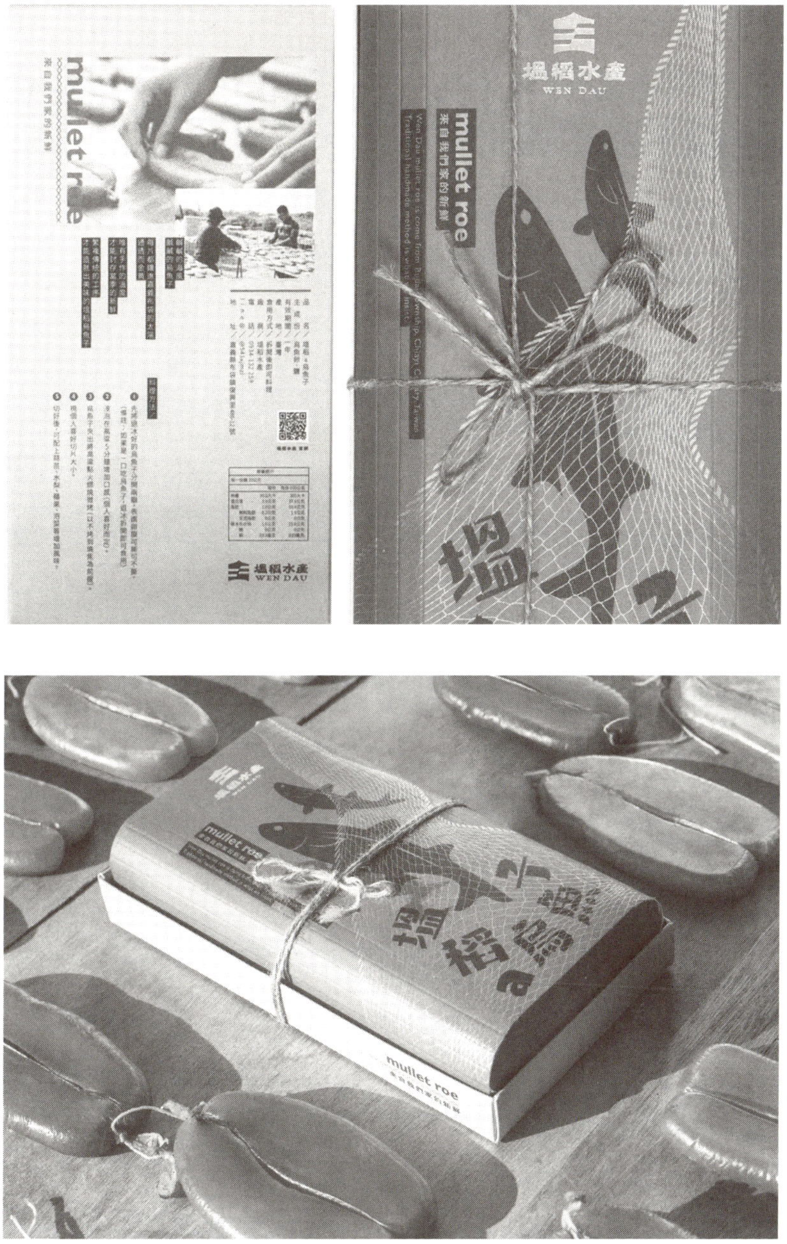

图 6-6　塭稻水产广告作品

（三）增强文化质感

地域文化深厚的历史和文化内涵可以成为广告创意中的重要元素。通过运用这些文化元素及其表达形式，可以增强广告的感染力和吸引力，消费者从多重感官和心理上体验文化魅力，实现文化推广和产品宣传的目标。

地域文化中独特的符号和标志可以成为表达产品品质和特色的重要方式。例如，在宣传地方特产的广告中，可以运用具有代表性的地域文化符号和标志，让消费者感受到产品的品质和特色。

【案例赏析】

《你好，我叫东莞》是谢谢设计公司为东莞设计的全新的“简历”。作品通过跳跃的色彩和线描风格来彰显整个城市的青春和活力；通过呈现出东莞城市的地域特色（如近代史开篇地、国际制造名城、潮流东莞、篮球城市等称号），以及东莞的一些当地特色文化（如龙舟、莞香花等），来擦亮东莞城市的名片。地域建筑特色、简明活泼的色彩和线描风格呈现出人文情感，增强了城市的文化质感，如图 6–7 所示。

图 6–7《你好，我叫东莞》

在广告中运用地域文化，可以通过呈现独特的地域特色、运用地域文化元素、挖掘地域文化故事、运用地域文化情感，以及采用创新的广告形式等多种方式，来增强广告的感染力和吸引力，消费者在了解产品的同时，也能够领略到地域文化的魅力和内涵。

二、地域文化的广告策略

地域文化作为一种独特的社会现象，在广告传播中起着不可忽视的作用，能够赋予广告更加丰富的内涵和表现力。

（一）讲好地域文化故事

在广告中以地域文化为切入点，将品牌或产品与地域文化相结合，突出地域文化的特色和魅力，从而吸引消费者的关注。例如，在宣传地方旅游景点的广告中，可以突出景点的历史文化和民俗风情等地域特色，将景点与地域文化紧密联系起来，让消费者对景点产生更加深刻的理解和兴趣。

通过挖掘与品牌或产品相关的地域文化故事，可以在广告中呈现出更加生动、有趣的情节，从而吸引消费者的关注和兴趣。例如，在宣传传统手工艺品的广告中，可以讲述手工艺品的历史、传承和制作过程等文化故事，让消费者对产品产生更加深厚的情感共鸣和认同感。

【案例赏析】

东莞横沥田饶步村的草龙文化节是当地最知名的文化活动。舞草龙民俗来源已久，每年农历八月初一至八月十五，田饶步村村民们就扎起草龙，自发地跳起舞来，唱起歌来，祈求风调雨顺、国泰民安。图 6-8 所示的 IP 形象结合了当地村民对舞草龙的情感，从“田”和“草”字形中提取出造型，打造承袭田饶步村草龙精神基因，且符合当地审美的形象，让非遗与现代潮流展开跨时空的对话。

图 6-8　东莞横沥田饶步村草龙文化节

（二）用好地域文化元素

在广告中运用具有代表性的地域文化元素和符号，突出地域文化的典型形象和品牌，能够增强广告的吸引力和感染力。例如，在宣传传统手工艺品的广告中，可以运用手工艺品独特的制作过程和历史背景等元素，让消费者对手工艺品产生更加深厚的情感共鸣和认同感。

1. 运用地域文化的视觉元素

在广告创意中巧妙地运用地域文化的视觉元素，如古建筑、民俗服饰、传统手工艺品等，可以让消费者更加直观地感受到地域文化的特色和魅力。例如，客家文化中的客家菜、客家方言、客家精神；岭南文化中的粤语文化、舞狮文化等。

【案例赏析】

梅州城市标识以市花梅花为主体，传统纹样与现代设计结合，兼具文化韵味和识别度，如图 6-9 所示。发散的花瓣造型体现客家人开拓团结的精神足迹，环形结构既象征四面环山的地貌，又呼应特色围龙屋。通过萃取这些地域文化元素，有效提升了城市辨识度与影响力。

图 6-9　梅州城市标识

2. 运用地域文化的语言元素

在广告创意中巧妙地运用地域文化的语言元素，可以让消费者更加深刻地感受到地域文化的韵味和特点。例如，在宣传江苏美食的广告中，可以运用“吴侬软语”来呈现江苏的地域特色。

（三）传达好地域文化情感

在广告中运用消费者对地域文化的情感共鸣和归属感，可以有效地增强广告的感染力和吸引力。例如，在宣传地方美食的广告中，可以通过呈现产品的地域特色和口味特点等，激发消费者对地方美食的情感共鸣和食欲。

地域文化中蕴含着丰富的人文情感和精神内涵，这些情感和精神可以成为表现产品品质和特色的重要元素。例如，在宣传旅游景区的广告中，可以呈现景区的自然风光、历史遗迹等，让消费者感受到景区所蕴含的人文情感和精神内涵，从而增强对产品品质和特色的认知。

【案例赏析】

“石库门——海上繁华”系列所选取的“寻搭子”“绣花头”“讨媳妇”“蟹红了”“着棋子”“翻行头”6幅画，一一展现了石库门里的生活场景，艳丽而优雅，如图6–10所示。这些画作还传达出一个共同的信息：即使是最平淡的日子，也要以最优雅的姿态度过。

图6–10　海上繁华系列

第二节　文化诉求与广告创意

文化诉求是指消费者在购买和使用商品的过程中，对与文化相关联的情感和价值的追求。文化情感诉求可以是亲情、友情、爱情、乡情、民族情等，也可以是消费者的兴趣、爱好、习惯等情感表现。将文化诉求与广告创意相结合，可以更好地打动消费者，让消费者产生强烈的情感共鸣和情感表达，从而增强品牌的影响力和市场竞争力。

这种追求可以体现在产品的设计、包装、品牌形象、企业形象等方面，也可以体现在产品的使用过程中。在当前社会，消费者越来越注重产品的文化内涵和文化体验，这种文化诉求已经成为消费者购买决策的重要因素之一。例如，消费者在购买某一商品时，可能会更加关注该商品的品牌是否具有文化底蕴，以及是否能够提供某种文化体验。

【案例赏析】

图 6-11 所示为靳埭强先生的作品《汉字》，作者将水墨元素通过自己的主观情感加以高度凝练，融入现代设计作品之中，极富民族气息，创造出一种独特的意境。山的伟岸，云的飘逸，风的自由，每一幅都是一张意境深远的中国画，大量的留白使人产生寂静空灵之感。这些传统文化也常出现在高端产品的广告策划中。

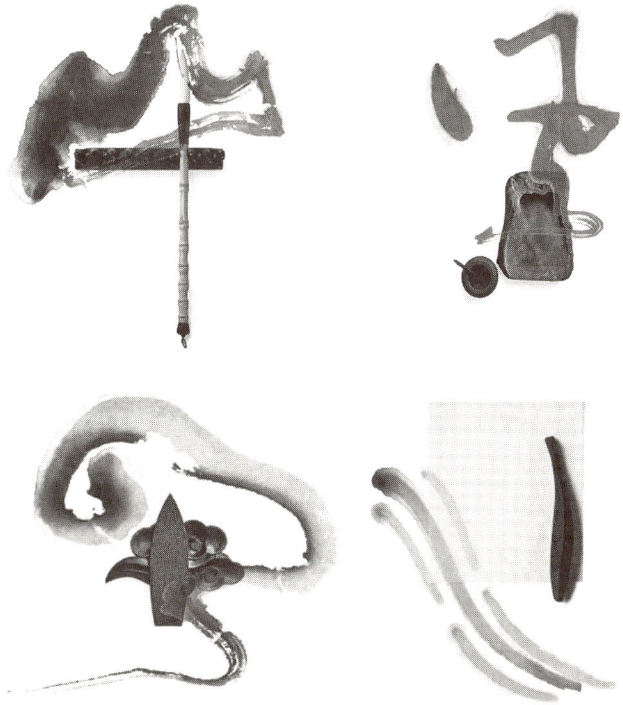

图 6-11《汉字》

对于一些消费者而言，购买具有文化内涵的商品能够带来精神上的满足，同时也可以展示自己的文化品味和文化认同。因此，对于企业而言，在产品设计和营销中融入更多的文化元素和情感体验，能够更好地满足消费者的需求，提高产品的竞争力和附加值。总之，文化诉求是对产品文化内涵和文化体验的追求，这种追求对于企业而言具有重要的意义和作用。

一、文化诉求对广告策划的影响

（一）决定广告策划的基调

不同地域或国家的文化背景和价值观对广告的定位、内容、形式和传播方式有着直接的影响。例如，一些地区的文化强调个人能力和独立性，而另一些地区可能更重视团队协作。因此，在广告策划过程中，需要充分了解目标市场的文化背景和价值观，以确定最合适的广告策略。

可口可乐品牌的广告一直以其多样性和包容性而闻名，这正是其广告策略中的文化诉求所在。不论是在美国还是在全球，可口可乐的广告都普遍呈现出欢乐和庆祝的氛围，能够吸引各种文化背景、价值观的消费者。这种广告策略不仅提高了可口可乐的知名度和销量，还展示了其对多元文化的尊重和支持。

（二）影响广告策划创意

广告创意是吸引消费者注意力的关键因素，而文化元素可以很好地融入广告创意中。例如，一些文化元素可以作为广告的线索，为广告增加独特的魅力。同时，通过在广告中展示文化元素，可以更好地吸引目标市场的关注，提升广告的传播效果。

【案例赏析】

在沃尔沃汽车的广告策划案例中，沃尔沃汽车发布了以《千里江山图》为主要元素的新年广告，以《千里江山图》景物的地势特点，结合人们过年归家心切之情，广告向受众传达品牌车辆就是“千里良驹”的理念，如图 6-12 所示。

图 6-12 沃尔沃汽车广告

（三）影响广告的目标受众

不同文化背景下的消费者有着不同的需求和喜好，这些差异需要在广告策划过程中得到充分考虑。例如，在西方国家，消费者可能更注重个性和自由，而在东方国家，消费者可能更注重家庭和社会稳定。因此，在制定广告策略时，需要针对不同文化背景下的消费者制定不同的策略，以满足他们的需求和喜好。

1. 中国的广告

受中国传统文化重视家庭和家族的影响，中国的广告通常强调家庭、亲情和友情等元素。这些广告通常以家庭为中心，鼓励消费者通过购买产品来提高家庭的生活质量和幸福感。

【案例赏析】

好望水品牌从中秋灯笼这一传统意象出发，用一支短片记录潮汕油纸灯笼从编竹到刷油的完整工艺，既展现了非遗技艺的温度，又巧妙借用产品名“望”字，将点灯笼的习俗升华为“望团圆”的情感主题，如图 6-13 所示。

图 6-13 “望团圆”创意广告

2. 美国的广告

美国的文化追求自由、独立、个性化，因此美国的广告常常强调个性和个人主义，以及自我表达和自我实现。这些广告通常鼓励消费者通过购买产品来表达自己的独特性和个性，例如，耐克的广告语“JUST DO IT.”就非常符合美国文化中的这种价值观，如图 6-14 所示。

图 6-14 耐克品牌广告

3. 日本的广告

日本文化注重和谐、礼貌和中庸之道，因此日本的广告通常强调品质、服务和品牌形象等元素。这些广告通常以中产阶级的生活方式和品位为核心诉求。例如，日本的一些电器广告就经常通过中产阶级的生活场景来吸引消费者。

这些例子都说明了在制定广告策略时，需要深入了解目标市场的文化背景和价值观，并以此为依据来选择适合该地区的广告策略，以吸引目标受众并提升广告效果。

二、文化诉求的表达

（一）文化在广告中的软植入

在植入方式上，对受众文化诉求的软植入通常是指将产品或服务的信息以巧妙、柔和的方式融入广告中，如通过故事情节、对白、视觉元素等方式来间接呈现。与传统的硬植入广告相比，软植入广告通常不会单独出现，而是与剧情紧密结合，形式与内容高度融合，利用一些巧思令受众在不知不觉中受到文化的感染，自然地接收广告信息，从而在不影响受众观看体验的同时，提高产品的知名度和美誉度。

【案例赏析】

图 6-15 所示为天猫创意广告，巧妙串联多年来天猫平台的入驻商家与国家大事，通过回顾共同经历唤起集体记忆。这种将品牌悄然植入时代叙事的做法，既强化了“天猫始终相伴”的认知，又有效提升了用户情感黏性与品牌认同。

图 6-15　天猫创意广告

广告软植入最早出现在影视剧中，通常通过剧中的道具、台词、场景等方式来呈现品牌或产品的信息。随着数字媒体和社交媒体的不断发展，软植入广告也逐渐出现在数字媒体和社交媒体中，形式也更加多样、新颖。

（二）文化软植入的优势

1. 增强广告的记忆效果

文化元素通常具有辨识度和独特性，将其融入广告中可以增强广告的记忆效果，让消费者更容易记住品牌和广告信息，进而提高广告的传播效果。

2. 凸显品牌的差异化和竞争力

在广告策划中软植入文化诉求，可以增强品牌的独特性，让品牌在市场中有更好的差异化和竞争力，更容易被消费者所识别和记忆。

3. 与消费者建立情感联系

文化元素通常与人们的情感和认同感紧密相连。在广告策划中软植入文化诉求可以让消费者更容易产生情感共鸣和认同感，进而建立消费者与品牌之间的情感联系。这种联系可以提高品牌的忠诚度和美誉度，促进品牌的长期发展。

（三）文化诉求表达策略

通过广告中的故事情节传达品牌或产品的文化内涵和特点，受众能够产生共鸣和情感联系。例如，某些广告中会利用亲情、友情、爱情等情感要素来表达品牌或产品的情感价值和文化内涵。

1. 利用创意理念

创意理念可用于表达品牌或产品的文化内涵和特点，如某些广告中的“打破常规”“追求自由”“挑战自我”等理念，可以引发受众的兴趣和好奇心，同时也可以传达品牌的文化价值和理念。

【案例赏析】

运动品牌耐克在2023年为不敢穿运动服上街的女士拍摄了一组广告片，希望能够激起用户的运动欲望，让人立刻充满运动热情，同时也传达出鼓励女性追求自由、挑战自我的理念，如图6–16所示。

图 6-16　耐克创意广告

2. 营造文化氛围

营造相关的文化氛围可以传达品牌或产品的文化内涵和特点。例如，某些广告会利用音乐、舞蹈、美术等艺术形式来营造文化氛围，让受众感受到品牌或产品的文化内涵和特点。

【案例赏析】

日本某电力公司的广告如图 6-17 所示，将冰冷的电力工具和刺绣工艺相结合，这座微型城市里的路灯、救护车、风车、路灯等基础设施也被逐一点亮，通过人与人的连接、艺术与科技的交汇传递了电力公司为人们供应稳定电力的服务精神。

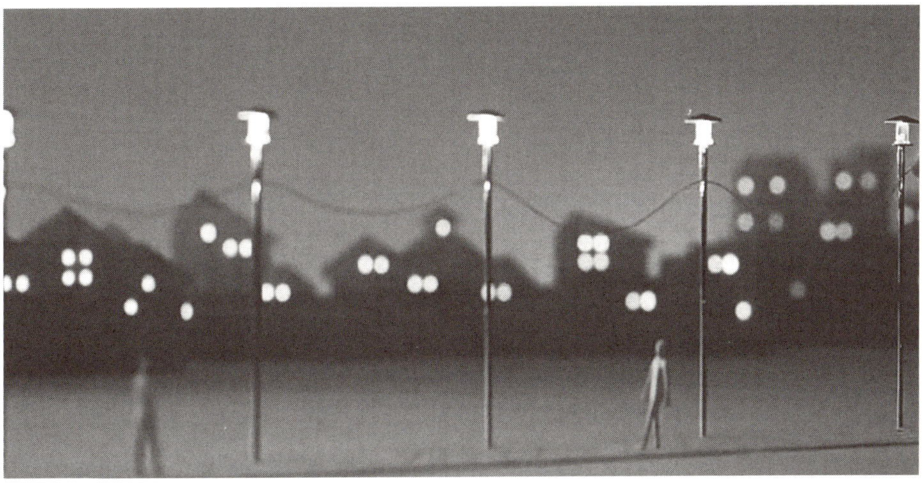

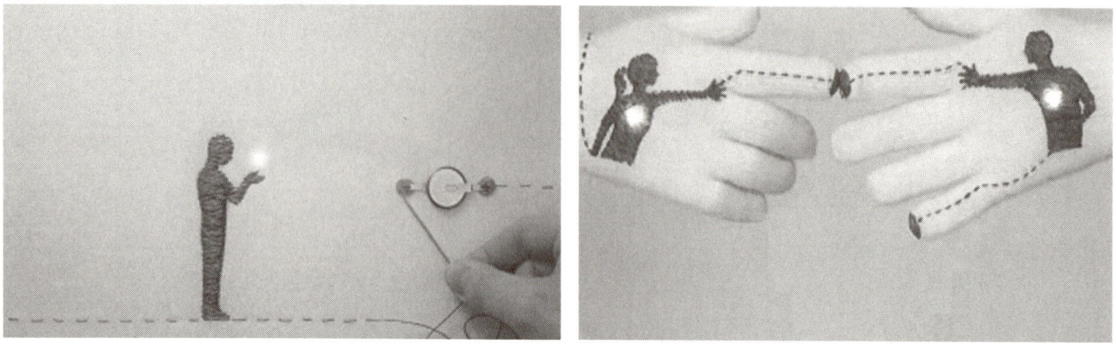

图 6-17　电力公司创意广告

三、广告呈现方式

创意广告表达是传递地域文化的重要手段。在实际操作中，应从品牌定位、目标消费群体和市场策略等方面进行综合考虑，选用合适的表现手法和诉求点来呈现地域文化的魅力，达到树立品牌形象、扩大市场影响力的目的。同时需要注意广告创意的新颖性和实效性，以及对目标消费群体的精准定位和情感连接等方面的把握。

（一）数字化技术的应用

数字化技术可以更好地将民族精神融入广告中。虚拟现实技术可用于呈现传统民族文化中的建筑、服饰、音乐、舞蹈等元素，让消费者拥有身临其境的广告体验。

互动式广告可以让消费者与广告内容互动，增强消费者的参与感和体验感。消费者可以通过扫描二维码、触摸屏幕等方式，了解更多关于民族文化的信息和广告产品的特点，同时也可以参与到广告的传播和分享中。

【案例赏析】

案例 1：艺术家 Ian Padgham 为美宝莲睫毛膏设计的数字化广告宣传影片，如图 6-18 所示。每当大巴经过时大巴顶部的睫毛就会被上方的睫毛膏“刷翘”，这种巨型的睫毛刷遍布城市，以加深人们的印象，达到宣传目的。

案例 2：图 6-19 所示的情人节海报以半张蓄须男性面孔为主体，路人在互动中拔下一根“胡须”即可获得一枝玫瑰花。这种胡须与玫瑰的创意转换，既制造了节日惊喜感，又通过参与式传播让品牌形象深入人心，最终光洁的脸庞与满载的玫瑰，成为情感传递的最佳见证。

图 6-18　美宝莲创意广告

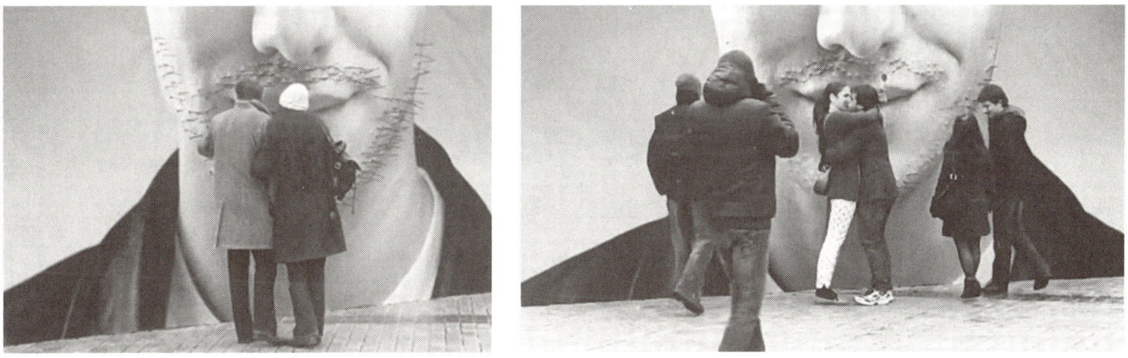

图 6-19　情人节互动海报

（二）社交媒体的运用

社交媒体在广告呈现中发挥着关键作用，它凭借丰富多元的形式助力广告传播。品牌可在热门平台发布图文广告，以精美图片搭配精练文案直观展示产品亮点；制作短视频广告，通过生动有趣、富有创意的情节吸引用户目光；还能开展直播广告，主播实时互动讲解产品，解答疑问。同时，利用社交媒体的精准推送功能，将广告精准触达目标受众，有效提升广告的曝光度与转化率。

（三）跨界合作

跨界合作可以引入其他领域的元素和资源，创新广告形式和内容。例如，可以与知名艺术家、音乐家等合作，共同创作出具有民族特色的广告作品，或者与知名旅游景点合作，将民族文化与旅游相结合，打造具有本土特色的旅游线路等。

【案例赏析】

案例 1：蜜雪冰城联合中国邮政推出全国首家“蜜雪冰城主题邮局”联名店，店面位于西安小寨十字西北角小寨邮局的西边。除了常规的饮品点餐区，店内还设立了邮政专区，并售卖相关 IP 周边。联名店还未开业已在互联网上火爆出圈，引得不少网友当起了“云监工”，更有网友自发玩梗热议“雪王入编”，如图 6–20 所示。

图 6–20 “蜜雪冰城主题邮局”联名店

案例 2：剑南春联合三星堆博物馆推出“剑南春三星堆青铜纪大立人”联名款，打造一场跨越时空的“双向奔赴”，这也是历史底蕴、文化厚度和品牌影响力的集中体现，如图 6–21 所示。

图 6–21 “剑南春三星堆青铜纪大立人”联名款

（四）传统文化元素的创新

传统文化元素可以与现代设计理念相结合，创造出具有民族特色的广告设计。例如，可以利用传统的水墨画、剪纸等元素，与现代简约风格相结合，创作出具有独特魅力的广告作品。

【案例赏析】

麦当劳携手上海美术电影制片厂发布的水墨新风格广告，结合中国传统水墨文化让吃快餐也变得充满仪式感，如图 6–22 所示。

图 6–22　麦当劳水墨创意广告

在广告的创作与传播过程中巧妙地引入技术革新，无疑可以大幅度地增强广告的视觉吸引力和情感共鸣力，从而进一步提升其宣传效果和社会影响力。运用先进的数字技术、创新的媒体平台和富有创意的表现形式，广告能够更加生动、直观地展现民族文化的独特魅力和深厚底蕴，使观众在欣赏广告的同时，深刻感受到民族精神的内涵与价值。

与此同时，新技术的引入也为民族精神的传承和弘扬开辟了更为广阔的空间和渠道。借助互联网、社交媒体等现代传播手段，民族精神广告能够跨越地域、语言和文化的界限，触及更广泛的受众群体，让更多的人了解、认同并传承优秀的民族文化。这种跨时空、跨文化的传播方式，不仅有助于增强民族认同感和凝聚力，还能够促进不同文化之间的交流与融合，为构建人类命运共同体贡献积极的力量。

第三节　民族精神与广告创意

一、广告策划中的民族精神

在广告策划中，民族精神可以作为一个重要的元素来传达品牌的信息和价值。民族精神可以成为广告创意的来源，例如，中华民族的勤劳俭朴、艰苦奋斗、弘扬正义、反对邪恶、不畏艰险、自强不息、乐于助人、勇于奉献等优秀品质，都可以被用作广告的创意来源。一些企业也会在广告中以这些民族精神作为诉求点，以引起消费者的共鸣。

【案例赏析】

古人云："止，而后能观。静，而后能思。"中国银行推出的系列形象广告正是围绕这个主题展开的。同时，在各个篇章中从不同的侧面进行了深入的发掘和阐释。

在《老人篇》中，主要通过高大而雄浑的山，山涧蜿蜒曲折的河流，山与水之间被风刮起的尘埃，水边陡峭的悬崖，以及老人静静的背影等一系列具象来表现中国银行勇于探索、不断追求真理和大气磅礴的企业形象。

在《农民篇》中，农民那浑厚的吼声非常具有穿透力，在广袤而丰饶的麦田里不断地萦绕、回荡。他那刚毅、自信、悠闲和喜悦的表情书写着他的勤劳、坚定与自得其乐。而这一切用来呼应中国银行的"丰饶""勤奋"和"富而不骄"。

在《女孩篇》中，小女孩清脆的歌声悠扬、嘹亮，她小小的身躯决然地挺立于天地之间，波光粼粼的水面不时卷起层层浪涛，幽静的桂林山水映着落日的余晖，这些都表现出中国银行的宁静致远，源远流长。

在《竹子篇》中，特写竹子的节、风动、竹动和心动，表现的却是中国银行“有节，情义不动”的高昂气节。

这一系列所表现的都是中华民族悠久、富饶、勤劳、谦虚、光明磊落和不懈追求的传统文化，中国银行把传统文化和自身特点做了很好的结合，此广告创意让人过目不忘，印象深刻。

民族精神也可以体现在广告的形式和内容上。很多广告都会使用具有民族特色的元素，比如传统建筑、传统手工艺、传统音乐和舞蹈等。这些元素能够让广告更具有本土特色，也能够在一定程度上展示出民族文化的魅力。在广告内容上，很多企业也会以民族精神作为宣传点，比如强调产品的“中国制造”，或者在广告中展示对传统文化的尊重和传承等。总的来说，民族精神在广告中的体现可以有多种方式。通过巧妙地运用这些元素和诉求点，广告能够在一定程度上展示出中华民族的优秀传统文化和价值观，更好地引起消费者的共鸣和认可。

（一）传统文化元素的运用

用民族的艺术形式和文化符号来创造广告内容，可以展现对本土文化的尊重和热爱。中国的传统文化元素包括书法、水墨、青花瓷、剪纸等，可以在广告中巧妙地运用这些元素，以吸引消费者的注意。

【案例赏析】

图 6-23 所示为中国工商银行在春节期间推出的工银银联生肖信用卡，在广告中加入皮影、长城、北京胡同等传统元素，与各种滑板、跑酷、游戏等潮流文化交融出现，代表着传统文化与新兴潮流的接力，让传统文化结合时代特性散发全新活力。这则广告着重体现了十二生肖跨时空的接力，象征着时间永不停歇、文化不断传承。

图 6-23　工银银联创意广告

（二）可持续发展的理念

将民族精神与可持续发展的理念相结合，强调对环境的保护和对社会的贡献，这也是当今社会的重要议题。将民族精神中顺应自然、心怀家国等内涵与当下可持续发展需求结合，在广告里倡导绿色生产消费、强调企业社会责任担当，既传承民族智慧，又引导社会向资源节约、环境友好、社会和谐的方向发展，实现经济、社会与生态效益的共赢。

【案例赏析】

蚂蚁森林五周年宣传广告如图 6-24 所示，广告通过五个小短片，分别从人们日常生活的出行、办事、工作等场景出发，将低碳环保和可持续发展融入我们的生活之中。

图 6-24　蚂蚁森林宣传广告

（三）与时代精神相结合

民族精神不仅要传承历史，还要与时代精神相结合。广告策划中可以呈现当代积极的社会风貌，如社会责任感、爱国主义精神、创新创业精神等。民族精神作为中华民族历经岁月沉淀而形成的宝贵精神财富，绝不能仅仅局限于对历史的传承与坚守，更需与时代精神紧密相连、深度融合，在时代的浪潮中不断焕发出新的生机与活力。在当今广告策划这一极具影响力与传播力的领域中，便有着广阔的空间去展现这种结合的魅力。广告策划者可以通过精心构思的创意与巧妙的设计，将当代积极的社会风貌生动且深刻地呈现出来。

（四）与国际接轨

在强调民族精神的同时，也要考虑到国际化的问题，在保持本土特色的同时，也要与国际接轨，让广告不仅在本国受欢迎，而且能在国际市场上获得认可。

总的来说，在广告策划中融入民族精神，需要深入了解本民族的文化和价值观，同时也要关注时代的发展趋势和消费者的需求，这样才能制作出既具有本土特色又能够被广泛接受的广告。

二、广告中民族精神的延续

（一）强调民族精神的文化价值

在广告中可以强调民族精神的文化价值，突出民族文化的独特性和魅力。利用传统的艺术形式、音乐、舞蹈等元素，呈现民族文化的深厚底蕴和丰富多彩。

广告可将产品与民族精神内涵深度绑定。比如宣传传统手工艺品时，讲述匠人数十年坚守传承，体现执着专注的工匠精神；做国货美妆广告，提及品牌在研发中融合中医古方智慧，彰显创新进取与文化自信。借故事、画面呈现民族精神，让消费者在感受文化底蕴中认同产品价值，激发购买意愿。

【案例赏析】

奥利奥品牌打造了一幅中国传统画卷《当代百子图》，画卷为长达 32 米的动态 LED 长卷。通过“寻宝玩心”的主题，打通线下和线上的沟通连接，线下《当代百子图》卷尾设置了互动二维码，扫码即可进入奥利奥“寻宝玩心”小程序，消费者就由观赏者变成了入画者，如图 6–25 所示。

图 6–25 《当代百子图》创意广告

（二）呈现民族精神的现代价值

民族精神不仅有文化价值，还有现代价值。在广告中可以呈现民族精神在现代社会中的应用和价值，强调民族精神中的勤劳、节俭、创新等品质在现代社会中的应用和体现。

【案例赏析】

网易新闻联合植选推出了《青绿端午》系列广告，将端午时令、宋代的诗词画作，以及大热舞剧《只此青绿》巧妙融合，同时精准捕捉到伊利植选产品的结合点，打造了一则内涵丰富的视频广告，如图 6-26 所示。

图 6-26 《青绿端午》创意广告

（三）唤起消费者的文化自信

民族精神是每个国家和民族的文化瑰宝，唤起消费者的文化自信有利于弘扬本土文化，增强消费者对本土品牌的认同感和忠诚度。在广告中呈现本土品牌和本土制造的形象，强调本土品牌的优势和特点，能够唤起消费者对本土品牌的自信和自豪感。

三、地域文化的传承与创新

地域文化在广告创意中的传承与创新是非常必要的。首先，广告作为经济信息的载体，其背后的文化背景，尤其是地域文化，是影响广告设计策略和传播效果的重要因素。广告设计必须考虑到不同地域的文化差异，以适应不同受众的需求和偏好。传承地域文化对于维护文化的多样性和独特性是至关重要的。每个地域都有其独特的历史、民俗、传统和生活方式，这些因素构成了地域文化的独特性。在全球化的背景下，广告创意需要充分利用这些独特性，以增强广告的吸引力和可信度。

（一）广告思维的新转化

创意思维的转化是指将传统的广告创意思维进行改造和升级，以适应新的市场环境和消费者需求。在广告创意的过程中，有时候也需要将不同的艺术形式进行转换。巧妙的广告思维转换可以让广告更加富有创意和吸引力，提高广告的可信度和认知度，强化品牌个性和定位，增强品牌的影响力和竞争力等。

1. 以形传意

新颖的形式可用于展现独特的元素，如在广告中使用具有代表性的图形、符号、色彩等元素来传达产品的特点和优势，同时通过与消费者的情感联系来吸引他们的关注和兴趣。

【案例赏析】

在东莞形意达设计公司的《青羊福礼品牌视觉方案》中，青羊湖是湖南长沙的国家级森林公园，地处雪峰山余脉，属大陆性季风气候区，冬寒夏热，春秋短促，森林覆盖率高达百分之九十六，植被类型为针阔混交林，人文历史厚重，南宋抗金名相张浚葬于此。该项目的标志就借鉴了青羊湖的山形、当地特殊的岩石结构、水形，并结合了被称为“中国青铜之乡”（宁乡）的青铜形状，宁乡是全国闻名的“鱼米之乡”“牲猪之乡”“茶叶之乡”。通过提取产品生长地造型，表达产品质朴生态的内涵，最终形成了“青羊福礼”的品牌标识，如图 6–27 所示。

图 6-27 《青羊福礼品牌视觉方案》

2. 以意感人

寓意和象征可用于传达品牌的价值和文化，如在广告中运用隐喻、象征、意象等手法，使广告更具深度和内涵，同时与消费者建立更深层次的情感联系。此外，将中国传统文化的意境与产品的某种特质相结合，可用于呈现产品的质感。

【案例赏析】

东方树叶品牌推出二十四节气的广告，被网友盛赞。对于中国人来说，二十四节气是祖先的智慧，彰显出中国人对自然认知的独特性、适应性和丰富性，与自然和谐相处的智慧和创造力。东方树叶将饮茶文化与二十四节气进行结合，提醒人们虽然生活方式变了，但每个节气、每个季节，我们都要“好好喝茶”，如图 6-28 所示。

图 6-28　东方树叶创意广告

（二）构建广告新形象

在构建地域文化广告新形象时，可以深入挖掘和提炼当地独特的地域文化元素，以创新的视角展现当地的历史、民俗、传统等文化特色。

在地域广告策划中，创意技法的表达需要结合地域特色和品牌特点，通过各种创意技巧和手法，将广告信息传达给目标受众，以激发其购买欲望。

1. 比喻和拟人

在地域广告策划中，可以运用比喻和拟人的手法，将地域特色和品牌特点进行比较和结合，以突出品牌的优势和特点。

【案例赏析】

美团广告从剩饭的第一视角出发，表达“我们每个人都剩过饭，但我们有没有想过饭为什么会被剩下？以及如果你是剩饭，你会如何看待自己的生活和命运？”，如图 6-29 所示。

图 6-29　美团创意广告

2. 夸张

在地域广告策划中，夸张手法犹如一把神奇的钥匙，能打开受众兴趣的大门。策划者大胆突破常规，充分发挥创意与想象，将地域独一无二的文化符号，如古老的传说、特色的民俗风情，以及绝美的自然风光等，进行极致夸大。同时，针对品牌别具一格的功能、卓越的品质等优势特点，进行着重强调。如此一来，地域特色与品牌特点便在夸张的渲染下，鲜明地凸显出来，让受众一眼就能看到其独特魅力与核心卖点。

【案例赏析】

在士力架的广告中，司机因为太饿且路上堵车，瞬间变成了一只愤怒的公牛，于是乘客掏出了士力架，司机吃完后瞬间恢复原貌，且一使劲把方向盘扭断了。广告通过人物和剧情的夸张来呈现产品的特色，帮助消费者加深对于产品的记忆，如图 6-30 所示。

图 6-30　士力架创意广告

3. 情感营销

在地域广告策划中，可以运用情感营销的手法，通过表达品牌特点所蕴含的情感和价值观，来建立品牌和消费者之间的联系。例如，在旅游广告中，可以突出当地的历史，用文化和美食所蕴含的情感价值，来引发旅游者的兴趣和共鸣。

【案例赏析】

薇诺娜在十二周年推出一则广告。广告中并没有用产品来表现，而是通过三个不同状态下的女性来表现各自不同的处境，职场加班不被认可的“敏感”、年龄到了父母催婚的“敏感”、工作繁忙无法陪伴儿女的“敏感”。广告浓缩女性生活痛点，深剖“敏感”这个话题，向所有女性主张：“独立女性依旧可以不避敏感，心生强大”，如图 6–31 所示。

图 6–31 薇诺娜创意广告

4. 借用

在地域广告策划中，可以借用其他品牌或事物的名气和影响力，来提高广告的宣传效果和品牌的知名度。策划者可深入挖掘与地域品牌相关联的知名元素，如当地热门景点、历史名人等，将其融入广告中。借助这些元素的光环，快速吸引受众目光，让地域品牌在短时间内获得更高关注度。

【案例赏析】

茅台和瑞幸咖啡联名推出“酱香拿铁”，茅台的高端属性和瑞幸咖啡的年轻属性形成巨大反差，引发热议。对于习惯了“早 C 晚 A”的年轻人来说，既猎奇又令人跃跃欲试，如图 6–32 所示。

图 6-32　茅台和瑞幸创意广告

课内实践

一、完成一系列以传统文化为元素的创新类广告策划与创意

要求：中国传统文化元素丰富多样，涵盖了艺术、文学、哲学、宗教、节庆、习俗等多个方面，选择一个或几个具有代表性的元素，如书法、剪纸、京剧脸谱、中国结、茶艺、传统节日等。结合现代审美和消费趋势，对这些传统元素进行创新设计，构思出一个新颖的广告创意。例如，可以设想一个以传统书法为灵感的现代科技产品广告，或者利用剪纸艺术展现一个时尚品牌的独特魅力。

策划案撰写：基于上述创意，撰写一份完整的广告策划案，包括广告目标、目标受众、媒体选择、创意表现（包括视觉和文案）、预期效果评估等关键要素。

呈现形式：可以以文字报告、PPT 演示或视频脚本等形式呈现策划案。

二、你问我答

（1）如何在广告策划中，既展现地方文化特色，又让这些特色为广告增值，吸引目标受众？

（2）请列举并分析一些国内外成功的民族文化广告，特别是那些将民族文化与现代营销巧妙结合的案例，并思考还可以在广告中运用哪些新的创意方式展现民族文化特色？

课外拓展

围绕“东方神韵”这一主题，深入挖掘中国传统文化的丰富内涵与独特魅力，进而设计出一系列能够深刻体现中国传统文化特色的周边文化创意产品。这些产品应不仅具备实用性，更需在视觉、情感及文化层面上与目标受众产生共鸣，成为传播中华优秀传统文化的载体。

通过现代设计手法进行再创作，使其既保留传统文化的精髓，又符合现代审美与消费需求。同时，需注重产品的实用性与创新性，确保其在市场上具有竞争力与吸引力。

［广告策划案实践］

基本信息

名称：中华传统文化创意周边设计

时长：一个月

地点：线上、线下联动推广

参与人群：文化爱好者、设计师、艺术家、收藏家等

目的：传承与弘扬中华传统文化，增强文化自信

宗旨：以创新手法传承和发扬中华传统文化，让传统文化焕发新活力。

市场分析

当前市场上，以传统文化为主题的创意周边产品逐渐受到消费者青睐。竞争对手主要包括国内外的文化创意品牌、旅游纪念品等。我们的产品优势在于立足中华传统文化，结合现代设计理念，打造独具特色的创意周边。同时，我们拥有一支专业的设计团队和营销团队，能够准确把握市场动态，不断提升创新产品的品牌形象影响力。

文化内涵

本次创意周边设计的主题为“中华传统文化”，我们将深入挖掘儒家思想、道家思想、佛教文化、诗词歌赋等经典文化元素，将其融入文化创意产品之中。同时，我们还将结合现代审美观念，运用简约、时尚的设计语言，呈现传统文化的独特魅力。

产品设计

我们将从形态、功能、材料等方面入手，将传统文化元素与现代设计完美结合。

形态设计：结合传统文化元素的形态特征，创作出具有观赏性和收藏价值的周边产品。如运用传统纹样、图案设计精美的小摆件、挂件等。

功能设计：注重产品的实用性和互动性。例如，设计具有现代感的紫砂壶茶具套装，让人们在品茶之余，领略到传统紫砂壶文化的精髓。

材料选择：选用环保、优质的原材料，如木质、陶瓷、天然纤维等，突出产品的质感。同时，注重材料的可持续性，以体现对传统文化的尊重与传承。

营销策略

品牌定位：以高品质、创意化为目标，打造一个专注中华传统文化创意周边的知

名品牌。

推广渠道：通过线上、线下多渠道推广，包括社交媒体、电商平台、实体店等，吸引更多消费者关注和购买我们的产品。同时，与文化机构、博物馆、景区等合作，将产品融入文化活动和旅游体验中，提高品牌知名度。

促销活动：开展各类营销活动，如限时优惠、买赠活动、满减活动等，激发消费者购买欲望。同时，通过创意广告、宣传视频等方式，提高品牌曝光度。

精准定位：针对不同受众群体，如学生、白领、收藏家等，制定不同的营销策略，以实现精准推广和有效转化。

口碑营销：鼓励满意的消费者分享产品信息和购买经验，形成口碑传播效应。同时，开展用户互动，如产品 DIY 设计大赛、文化知识问答等，提高用户黏性和参与度。

持续创新：定期关注市场动态和消费者需求变化，不断优化产品设计和营销策略，以保持品牌竞争力。

预算和效果评估

成本估算：根据产品设计方案和材料成本等因素，估算出每个产品的制造成本、人工成本、运营成本等。

收益预测：结合市场规模、销售数量和预期售价等因素，预测整个项目的总收益和净利润。

投入产出比：通过对比预期收益与总投入成本，评估项目的投资回报率和盈利能力。

效果评估指标：设定关键绩效指标（KPI），包括销售额、市场占有率、客户满意度等，定期评估营销策略的有效性和执行成果。

风险控制：针对可能出现的市场风险、竞争对手、产品质量等问题，制定应对措施和风险控制计划，以确保项目的顺利实施和预期效益的达成。

章节笔记

章节笔记

第七章
优秀广告作品赏析——好作品

Appreciation of Excellent Advertising Works—Good Works

第一节　企业案例赏析

图 7-1 “花千卤”视觉识别系统

案例 1.1 “花千卤”视觉识别系统是东莞市形意达广告有限公司为品牌花千卤打造的全新品牌形象设计，以精致的生活态度和健康养生理念为主导，用具备现代感的设计理念融合产品形象，整体设计在突出品牌形象和产品特点的同时精准定位目标消费群体，如图 7-1 所示。

图 7-2 “王家五”品牌视觉设计

案例 1.2 “王家五”品牌视觉设计是东莞市形意达广告有限公司为湖南鑫科牧业有限公司进行的品牌视觉系统升级设计，包括标志设计、产品包装设计、门口设计等。整体设计保留了品牌原有的核心特点——亲和力，同时又能让消费者更放心“王家五”腊肉的品质，如图 7-2 所示。

图 7–3　“界止味道”品牌视觉设计

案例 1.3　“界止味道”的视觉设计以“武陵原生农产品生态链，更健康更安全”为核心，运用自然绿、纯净白为主色调，阳光金为点睛色，结合武陵山区自然元素抽象图案，采用简洁现代与手写风格相结合的字体，通过均衡布局与细节处理，直观生动地传达了界止味道品牌的自然、健康、安全理念，展现了品牌的独特魅力与真挚关怀，如图 7–3 所示。

图 7-4　出奇豆鲜活饮用水品牌视觉设计

案例 1.4　宜纯旗下品牌出奇豆鲜活饮用水将目标人群锁定为以 90 后、Z 世代为主的年轻群体。他们追求时尚、个性化的生活方式，对新鲜事物充满好奇心，愿意为高品质、有特色的产品支付溢价。在饮用水的选择上，不仅关注水质，还看重产品的包装设计、品牌故事，以及与自身生活方式的契合度。因此，出奇豆鲜活饮用水宣传“每一口活水鲜达”，不仅停留在卖产品，而且高频链接生活方式，在包装设计和品牌传播上突出时尚、个性化元素，吸引年轻消费者以及注重生活品质的人群。基于目标人群的特点，出奇豆鲜活饮用水塑造了时尚、活力、健康且充满个性的品牌形象。品牌色调选用清新、柔和的色彩，如淡粉色、浅蓝色等，符合年轻人的审美偏好。品牌标识具备辨识度和时尚感，如图 7-4 所示。

第二节 国内外经典案例赏析

图 7-5　可口可乐广告

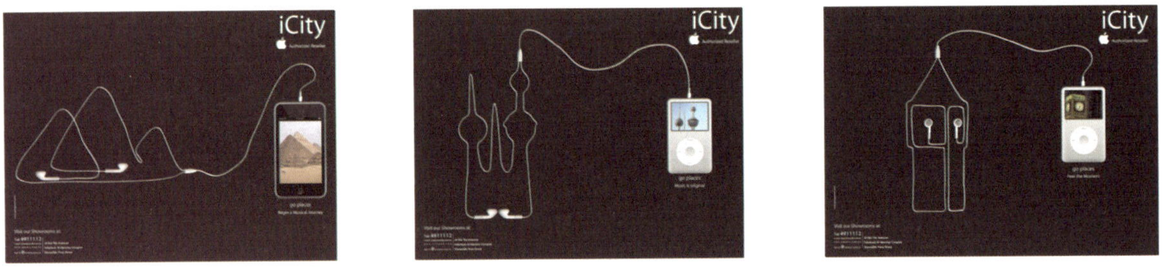

图 7-6　苹果广告

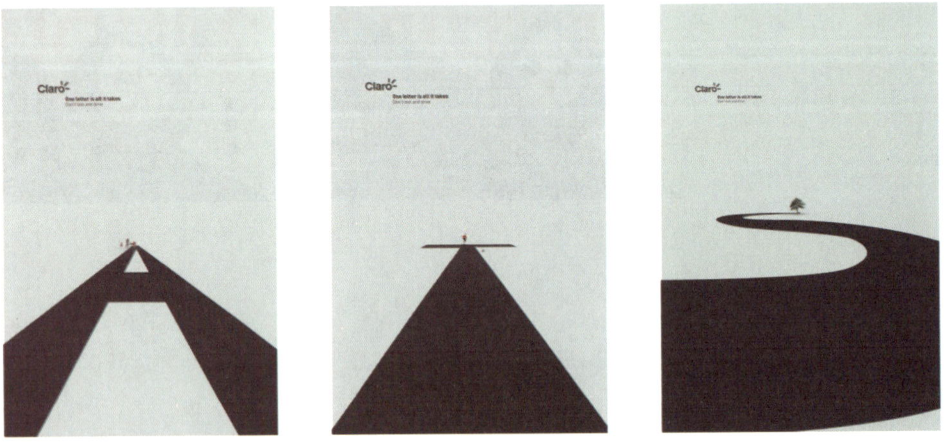

图 7-7　安全驾驶公益广告

案例 2.1　可口可乐系列海报通过发散式的构图，表现出所有的美好都从可口可乐瓶中释放，传达了可口可乐带给消费者多姿多彩的生活方式，如图 7–5 所示。

案例 2.2　这组设计巧妙地用耳机线勾勒城市地标轮廓，与屏幕中的实景照片虚实呼应，传达“无论身在哪个城市，音乐都能带你沉浸式探索”的理念，如图 7–6 所示。

案例 2.3　安全驾驶公益广告用单个字母的纵深设计指向画面中的视觉焦点，隐喻一个小小的字母也有可能引发严重的后果，不要在开车的时候发短信。该作品获得 2012 年戛纳广告节金奖，如图 7–7 所示。

第三节 学生优秀作品赏析

图 7-8《用可画，人人都是设计大师》

图 7-9《异“箱”天开》

图 7-10《“垫”出能力》

案例 3.1 图 7-8 的主题是“用可画，人人都是设计大师”。三张海报以幽默风趣的画风展现了三个不同的主人公——学生、职场人和设计小白使用可画 App 快速完成作业、快速完成工作、快速学会设计场景，体现了可画 App 素材多、效率高、模板多、零门槛等优点。作者：单敏琪，该作品获得第 15 届全国大学生广告艺术大赛全国总决赛三等奖、广东赛区二等奖。

案例 3.2 图 7-9 的三张作品凸显出当代年轻人求学、工作、旅行的人生经历，用借喻手法表现爱华仕箱包就是承载年轻人梦想的工具。海报中突出“装得下”这一信息，加深消费者对于产品容量的认识。作者：颜学成，该作品获得 2022“丝路之星”国际艺术大赛金奖。

案例 3.3 图 7-10《“垫”出能力》将人的头部置换成电脑主机、充电宝和插座，夸张化地表现出人在使用喜临门床垫后能达到“重启”“快充”“续航”的状态。作者：冯琴，该作品获得第 14 届全国大学生广告艺术大赛（广东赛区）一等奖。

图 7-11 《XPPen 数字笔——快！稳！准！》

图 7-12 《世界就在手上》

案例 3.4 图 7-11 的作品以 XPPen 品牌的数字笔为主题，围绕产品“快、稳、准”这三个特点进行创意设计。作者：布嘉琪，该作品获得第 14 届全国大学生广告艺术大赛（广东赛区）一等奖。
案例 3.5 图 7-12 的作品将行李箱正面替换成地图的形式，并把动物外形置入到地图里，代表相对应的地区，表达了爱华仕可以把地球装进行李箱里，世界等待着你去探索。作者：陈佳琪，该作品获得第 14 届全国大学生广告艺术大赛（广东赛区）一等奖。

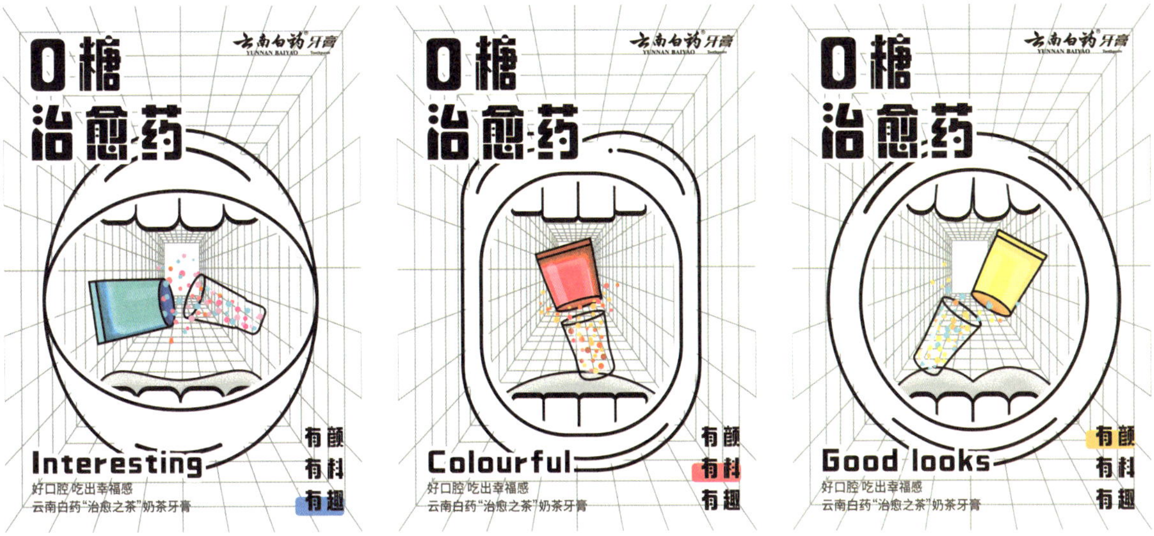

图 7-13 《0 糖治愈药》

图 7-14 《面面俱到》

案例 3.6　图 7-13《0 糖治愈药》巧妙地将视线引向画面中间，并通过有色系与无色系的对比突出产品的亮点和功效。作者：李晓娥，该作品获得第 13 届全国大学生广告艺术大赛（广东赛区）一等奖。

案例 3.7　图 7-14《面面俱到》巧妙地将全“面”扫除、给你“清”白、人“净”皆知等广告语与画面内容结合，将俊平产品的特点呈现出来。作者：陈锐丽，该系列作品获得第 13 届全国大学生广告艺术大赛（广东赛区）一等奖。

图 7-15《笔墨纸砚》

图 7-16《童年》

案例 3.8　图 7-15《笔墨纸砚》为文创 IP 形象设计。通过运用传统文化设计了以“文房四宝”为主题的国风 IP 形象潮玩设计，此设计的主要目的是改变大众对中国文物的陈旧认知，通过现代活泼的形象表现传统文化，运用中国元素和服饰来表现中国文化。作者：谢钊雯，该系列作品获得 2023 米兰设计周中国高校师生设计学科优秀作品展（广东赛区）一等奖。

案例 3.9　图 7-16《童年》以小葵花小儿肺热口服液为主题，目标消费人群是年龄段为 0～12 岁的儿童，因此选择了小学课本模板作为创意点，插画内容为妈妈群体与儿童之间的互动，表现出产品“为了孩子成长与健康保驾护航”的理念。作者：肖妍，该系列作品获得第 15 届全国大学生广告艺术大赛（广东赛区）三等奖。

图 7-17 《喝咖位，够咖位》

图 7-18 《膜法玻尿酸世界》

案例 3.10　图 7-17《喝咖位，够咖位》以爱因斯坦、牛顿和霍金几位“有咖位”的科学家为主要元素，通过大的透视空间突出人物与产品，符合娃哈哈新产品“咖位”的主题，表达“喝咖位就有咖位”的意味，从而激发消费者购买欲望。作者：吴楚晴，该系列作品获得第 15 届全国大学生广告艺术大赛（广东赛区）二等奖。

案例 3.11　图 7-18《膜法玻尿酸世界》分三个系列——高效滋润、救急灭火、安全锁鲜。通过使用枯草、仙人掌、干涸地表等要素表现皮肤问题，同时植入少女的形象与油漆桶的创意点，表现出用油漆桶里的玻尿酸精华涂抹过后，原本黯淡无光的皮肤焕发生机，皮肤变得滋润健康透亮的产品功效。作者：邵蕊蝶、王千慧，该系列作品获得 2022 时报金犊奖佳作奖。

图 7-19 《模糊》

图 7-20 《尽享大米新滋味》

案例 3.12　图 7-19《模糊》以亲情为主题进行插画设计，该设计以老人的手部为主形象，以拼图为创意点，表现出老人记不清儿女的样子，在不断尝试把儿女的样子拼出来可是怎么也拼不出来的状态，借此表达常回家看看的呼吁。作者：陈佳琪、黄毓敏，该系列作品获得 2022 时报金犊奖优秀奖。

案例 3.13　图 7-20《尽享大米新滋味》利用人工智能系统辅助设计，塑造了天空中的云的造型，让云拥有形象，并与手中咬成各种形状的脆米片形成呼应，表达出品尝脆米片的快乐与美好。作者：罗濛，该系列作品获得 2022 时报金犊奖优秀奖。

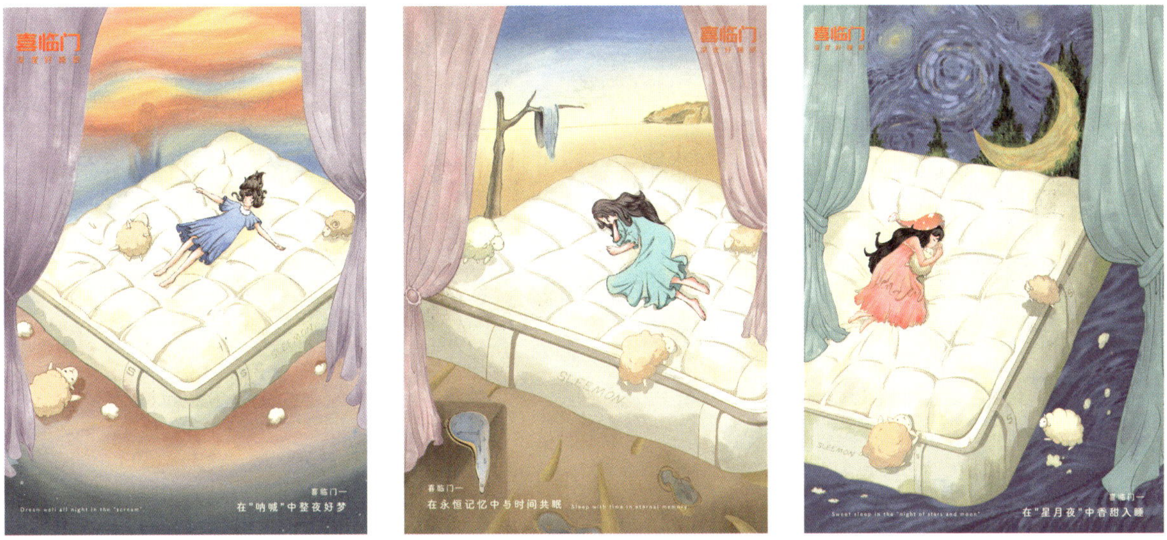

图 7-21《喜临门床垫》

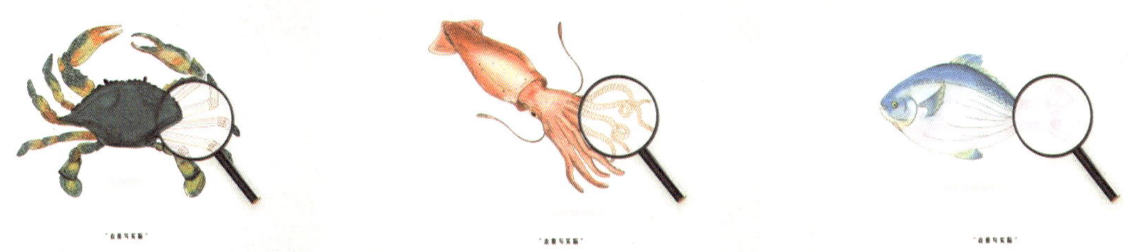

图 7-22《本质与实际》

案例 3.14 图 7-21 的三幅作品是喜临门的品牌系列插画。作品采用了与经典艺术作品相结合的形式，突出了喜临门床垫能够让你在“星月夜”中睡得香甜，在“呐喊”中整夜好梦，在“记忆的永恒”中与时间共眠，作者：吕晓晗。

案例 3.15 图 7-22 作品名为《本质与实际》，采用局部替换手法，将人们常吃的海洋食物身体的一部分替换为海洋垃圾，并利用放大镜的形式放大海洋生态污染的严重性，生动地体现出“本质”与“实际”的海洋生态面貌。作者：陈佳琪，该系列作品获得第十届未来设计师 · 全国数字艺术设计大赛全国总决赛二等奖、广东赛区一等奖。

图 7-23 《东莞传统美食》

图 7-24 《循环》

案例 3.16　图 7-23 是东莞传统美食插画，插画内容为东莞道滘美食裹蒸粽、东莞长安美食大盘菜、东莞厚街美食烧鹅濑粉，插画结合中国传统元素，以红色为主色，红色在中国有着吉祥喜庆的寓意，祥云是中国传统吉祥图案的象征，仙鹤在中国有着延年益寿的寓意。通过将这些传统元素与美食相结合，突出东莞传统美食的深厚文化底蕴。作者：叶邦睿，该系列作品获得 DGL 国际艺术创意设计大赛优秀奖。

案例 3.17　图 7-24 海报紧扣“循环”这一主题，运用插画的表现形式，表明工业开发污染与垃圾堆积威胁到整个生态系统，我们只有一个地球，垃圾分类需全民参与。作者：叶倩晴，该系列作品获得 DGL 国际艺术创意设计大赛优秀奖。

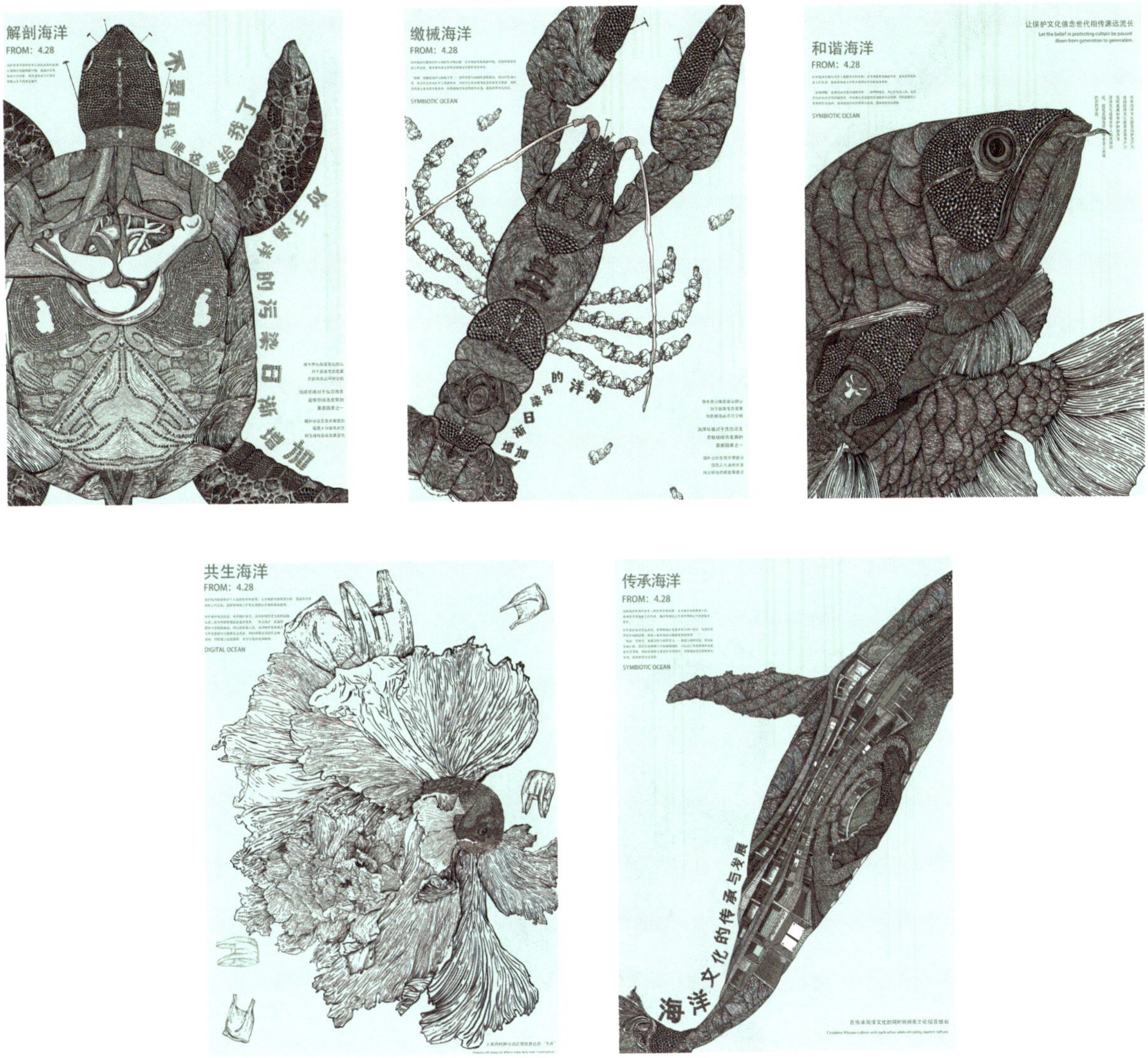

图 7-25《共生》

案例 3.18　在人类主导的世界中，人们随手丢弃的杂物束缚住海洋生物的活动，导致其死亡。如图 7-25 所示，在创作上，作者转换视角，海洋生物成为世界主导，人类被反抗的生物束缚，通过换位思考的方式为海洋生物发声，以此提高公众对海洋环境的保护意识，作者：黄佳谊。

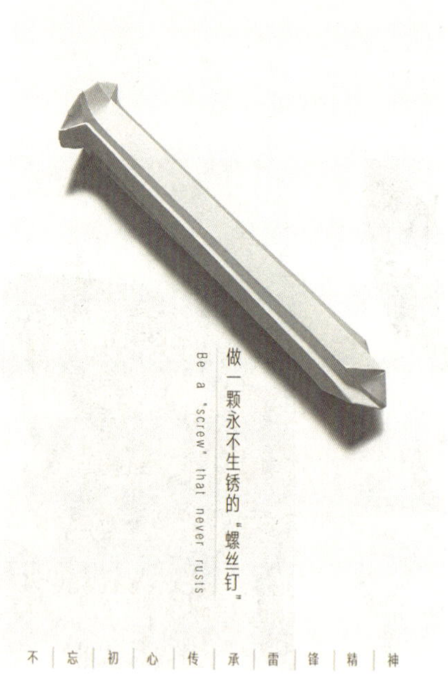

图 7-26《永不生锈的螺丝钉》

图 7-27《有教无类》

图 7-28《红船精神》

案例 3.19　图 7-26 用折纸的形式折出螺丝钉的实物，用纸不会生锈的特性传达出雷锋精神永不过时的理念。点、线、面结合组成画面，螺丝钉作为面、主标语作为线、把“不忘初心传承雷锋精神”的标语用线隔开作为点，形成了海报的基本骨架。画面以黑白色调呈现，传递出严肃的视觉感受，“永不生锈的螺丝钉”象征着时代中的永恒信念。作者：欧庭辉，该作品获得 2023 米兰设计周全国三等奖。

案例 3.20　图 7-27 中每支铅笔的高度和 B 数深浅的差异代表着不同的阶级，运用现代高考答题卷选项的形式，说明每个社会阶级都应有受教育的权利，贯彻了孔子有教无类的教育理念。作者：欧庭辉，该作品获得首届“孔子文化”创意设计大赛优秀奖。

案例 3.21　图 7-28 中雷锋帽子与红船船檐的结合象征着雷锋精神与红船精神的结合，代表红船精神和雷锋精神在新时代里永放光芒！作者：欧庭辉，该作品获得蓝色烟台艺术设计大赛一等奖、首届红色嘉兴艺术设计大赛一等奖。

后　记

在数字化传播时代，广告策划与创意已成为品牌突围的核心竞争力，其本质是商业逻辑与艺术表达的辩证统一。对设计教育而言，这不仅关乎技能传授，更是培养跨界思维的关键。因此，编写一本既具有理论深度，又结合实践案例，激发学生创意灵感的教材，成为了我们团队的重要使命。

本书从最初的选题策划，到章节框架的搭建，再到内容的撰写与反复打磨，每一个环节都凝聚着团队成员的心血与智慧。本书的编撰过程体现了对当代广告教育体系的深度思考，以建构主义教学理念为指导，通过"理论解构—案例解码—实践重构"的三维框架，系统构建广告创意的认知图谱。在内容架构上，既注重传播学、心理学等基础理论的阐释，又创新性地引入设计思维与叙事学分析方法，深度剖析经典案例的创作逻辑。本书特别强调策略思维与创意表达的辩证关系，通过设置模块化实训项目，引导学生完成从市场洞察到创意落地的完整认知闭环。这种理论与实践深度融合的编写思路，旨在培养兼具系统思维能力和创新实践素养的新一代广告人才。

本书的编写采用了学界与业界协同创新的模式，特邀 4A 广告公司创意总监、品牌战略专家组成顾问团队，将前沿行业实践与学术理论有机融合。基于对艺术设计教育特点的深入研究，我们创新性地构建了"双螺旋"内容体系：一方面通过专家工作坊实录、真实项目拆解等方式，将行业最新方法论转化为教学案例；另一方面依据布鲁姆教育目标分类理论，设计了阶梯式实践模块，包括基础认知训练、综合能力培养和创新项目孵化三个层级。第二至第六章节配套的"课内实践"+"课外拓展"环节，引导学生运用设计思维工具包完成从洞察到执行的完整创意流程。这种产教融合的内容设计，有效弥合了课堂学习与行业实践之间的鸿沟，确保教材的内容既符合教学规律，又能满足学生的学习期望。通过这些实践环节，学生能够将所学的理论知识运用到实际项目中，提高自己的动手能力和解决实际问题的能力。

此外，我们还注重教材的趣味性和可读性。在文字表达上，我们力求简洁明了、生动活泼，避免使用过于晦涩难懂的专业术语；在案例选择上，我们尽量挑选一些具有时代特色和代表性的广告作品，让学生能够感受到广告行业的最新动态和发展趋势。然而，我们也清楚地认识到，广告策划与创意是一个不断发展和变化的领域，新的理念、新的技术和新的方法层出不穷。因此，这本教材不可能涵盖所有的知识和技能，也不可能完全适应未来广告行业的发展需求。我们希望这本书能够成为学生学习广告策划与创意的起点，引导他们不断探索、不断创新，在未来的学习和工作中取得更好的成绩。

最后，我要感谢所有参与本书编写和审核工作的团队成员，是你们的辛勤付出和无私奉献，才使得这本书能够顺利问世。感谢广东科技学院艺术设计学院的领导和老师们，是你们的支持和鼓励，让我们有了编写这本教材的信心和动力。此外，还要感谢山东大学品牌与传播研究所所长、澳门科技大学人文艺术学院博士生导师李克教授为本书作序；感谢清华大学美术学院博士生导师马泉教授的鼓励和支持；感谢为本书提供案例和资料的广告企业和设计师们，特别是东莞形意达广告公司薛振辉总经理、东莞谢谢设计公司谢瑞康总经理、喜曰文化（北京）有限公司苏智吒总经理，是你们的优秀作品为教材增添了丰富的色彩。

希望本书能够成为读者学习广告策划与创意的好帮手，为他们的未来发展奠定坚实的基础。让我们共同期待，在广告策划与创意的领域里，能够涌现出更多优秀的创意人才，为推动广告行业的发展和社会的进步贡献自己的力量。

2025 年 5 月 23 日